U0087874

近代領航人物

打不倒的自由戰士
曼德拉

詹文維　著

三民書局

主編的話

打開每個人心中的「想像盒」

七十多年前，法國著名作家「安東尼‧聖修伯里」寫過一本廣受歡迎並流傳至今的童話──《小王子》。書中那個好奇又好問的小男孩來自外星球，他純淨的心靈和真摯的感情，一直陪伴著我們地球上一代又一代人的成長。

作家聖修伯里曾經為小王子畫過一個可以讓綿羊居住的盒子。而作家自己也擁有一個珍寶盒，裡面收藏著老照片、舊信件和許多小玩意兒，他常常去翻弄這個盒子，想從中尋找創作的泉源。

三民書局的出版團隊也有這麼一個盛滿「想像」的大盒子，裡面匯集了編輯們經年累月的經驗、心得，以及來自作者、插畫家等的好主意和新點子。多年來，這個團隊不斷為小讀者們出版優秀的人物傳記、勵志叢書等。董事長劉振強先生認為這是出版人的使命，一個好傳統一定要延續下去，讓小讀者永遠有好書可讀，而且每一套書都要精益求精，各具特色。

因此，當我們開始構思下一套新書的方向，如何能夠既延續傳統，又能注入不同的角度和活力，呈現出一番新的面貌，便成為我們的首要考量。

編輯團隊圍坐在一起，慎重的打開我們的「想像盒」，希望從盒裡累積的智慧中汲取靈感。盒內的珍寶攤滿了桌面，眼前立即出現許多引導性的話語，大家一面仔細挑選，一面漸漸理出一個脈絡。

「書寫近代人物，更貼近小讀者的心靈。」

「介紹西方人物，增強小讀者對全球人物的興趣。」

「撰寫某個行業或某個領域中最有代表性的人物，他們的成就

對後世有重大影響，對小讀者有正面啟發作用。」

「多用說故事的方式寫作，以增加趣味性。」

「想像盒」就這樣奇妙的為我們搭起了一個框架，編輯團隊在這個架構中找到了方向，大家興奮的為新叢書定名為「近代領航人物」系列，並決定先從介紹西方人物入手。

框架既已穩固，該添進內容了。如何選取符合條件的撰寫對象，是編輯團隊的再次挑戰。我們又打開了「想像盒」……

「叮」的一聲，盒內跳出一個 "THINK" 的牌子，大家眼前一亮，「那不是 IBM 公司創始人湯姆士‧華生的座右銘嗎？意思是要我們海闊天空的去想像，才能產生創意啊！」於是，話匣子打開了。

有人說：「我們每個人手裡都拿著手機，不需要長長的電話線連接，就能無遠弗屆的與人聯繫，但對有『無線電之父——馬可尼』之稱的這個聰明人，我們知道的並不多。」

有人說：「啊！有了，我們何不請最喜歡開飛機的聖修伯里帶大家到義大利去拜訪馬可尼呢？」

有人說：「馬可尼不是已經拍來電報，為我們安排好去巴黎看可可‧香奈兒的時裝展示會了嗎？還要去倫敦聽約翰‧藍儂的搖滾音樂演唱會哩！」

有人說：「我對時裝展示會沒有太大興趣，但是既然去了巴黎，我倒是很想去看看大文豪雨果筆下的聖母院，也許會碰見那個神祕的鐘樓怪人！」

有人說：「我希望去倫敦時，能走訪唐寧街十號，一睹英國第一位女首相，鐵娘子柴契爾夫人的丰采。」她輕輕咳嗽了一聲，接著說：「我的肺炎剛痊癒，是用了抗生素才治好的。聽說抗生素是英國

細菌學家弗萊明發現的，我也想順便彎去他在倫敦的實驗室參觀一下。」

有人附議：「那太好了，我可以在路邊書報攤買本英國大經濟學家凱因斯主編的《經濟期刊》來一讀。」

有人舉起手來，激動的說：「我原是個害羞沉默的人，自從去上了卡內基的人際關係課程後，才學到怎麼樣表達自己。我想說出我的心願，那就是去美國華盛頓的林肯紀念碑前，聆聽人權鬥士馬丁‧路德‧金恩博士精彩動人的演講〈我有一個夢想〉。再去附近的國會山莊，參加約翰‧甘迺迪的就職典禮，聽他充滿領袖魅力的經典名言，『不要問國家能為你做些什麼，要問你能為國家做些什麼。』」

有人跟著說：「我是環保和人道主義的支持者。既然我們到了美國，我想去緬因州，到環保使者瑞秋‧卡森收集海洋生物標本的海邊去走一走。也想去紐約的聯合國兒童基金會總部拜訪兒童親善大使奧黛麗‧赫本。這兩位心靈和外表都美麗的女士，一直是我最崇敬的偶像。」

看到大家點頭同意，他急忙追加：「啊，如果還能去洋基球場觀看棒球巨星貝比‧魯斯在球場啟用那天轟出的第一支全壘打，那我就太滿足了……」

編輯們彼此會心一笑，這是討論時常有的現象，抱著「想像盒」，天南地北，穿越時空。我們總嘗試以開放的思路，為「傳記」類型的叢書增添更多的新意。

這時一陣歡笑聲響起，原來是美國物理學家費曼為慶祝自己得到諾貝爾獎而開的派對。賓客中有許多知名之士，第一位登陸月球的太空人阿姆斯壯也在其中。聽說費曼正在調查挑戰者號太空梭故

障的原因，阿姆斯壯是他最好的太空顧問！費曼是位科學家，但他興趣廣泛，音樂、舞蹈樣樣精通。只見他隨著熱情洋溢的森巴舞曲，一面打著鼓，一面與現代舞創始人瑪莎・葛蘭姆翩然起舞。

「別鬧了！費曼先生。」門口走進一位胖嘟嘟，面無表情的老頭，把大家嚇了一大跳！只見他拿起手上的擴音器說了一聲「卡」，啊啊，難道他就是那位驚悚片大導演希區考克？

他嚴肅的接著說：「受世人景仰的南非自由鬥士曼德拉先生剛剛辭世。請大家起立致敬。」

我們這趟「穿越之旅」中的二十位人物即將登場，希望他們的領航故事也能開啟小讀者心中的「想像盒」，將來或可成為另一個新領域中的領航人，傳承發揚人類的智慧和文明。

在此特別感謝為小讀者說故事的作者們，除了正文之外，他們都特別增寫了一篇數百字的「後記」，提綱挈領的道出各撰寫人物對世界的影響，提供小讀者更明確的閱讀指標。同樣也感謝繪製精彩畫面的插畫家們，為使圖文搭配相得益彰，不惜數易其稿。對編輯團隊能讓叢書順利的如期出版，我心存感激。對充滿使命感、長期為小讀者做出貢獻的三民書局，我致上最高的敬意。

對您，選擇讀這套叢書，我誠懇的說聲「謝謝」。有您的支持，讓我們有信心為小讀者打造更多優良讀物。

2013 年歲末寫於臺北

作者的話

　　寫作一直是自己熱愛的事情。但是自從當了老師，要額外再寫些什麼，已是不大容易。生了寶寶之後，要寫東西就更難了。不過當三民的編輯提出「領航人物」這套叢書，深受吸引，躍躍欲試，便答應撰寫曼德拉一書。

　　喔！這是個很大的挑戰啊！有關曼德拉的書籍不多，市面上也不太買得到，只能從圖書館借他的自傳《漫漫自由路》來看。幸好他的自傳寫得好，網路上又有不少資料可用，加上有《再見曼德拉》與《打不倒的勇者》兩部電影可以參考，所以寫起來就順手多了。

　　曼德拉之所以會寫自傳，起因於他在獄中的時候，同伴們建議他應當寫一本回憶錄，讓人們明白他們是為何而奮鬥，以此激勵年輕自由戰士的精神動力，因為曼德拉的人生太豐富了，他又很擅長鼓舞人心。《漫漫自由路》寫得很精彩很好看，但是全書有五十萬字，對小讀者而言，有些地方可能太冗雜也太艱深，實在有必要重新選材、撰寫。

　　寫作本書時，我有幾個理念作為篩檢與改寫的標準。

　　一、曼德拉不是一個完美的人，有一小段日子他曾經說謊成性，甚至不自覺成為白人壓制黑人的工具。留下這個部分來提醒小讀者們，成長過程中可能會走偏的路。

　　二、曼德拉會拋棄舒適的生活，走向為自由人權抗爭的路是因為黑人所處的境遇。種族相關的問題，必然是要讓小讀者了解的部分。甚至我希望小讀者們，讀完曼德拉的故事，就像讀完南非種族和政治發展的歷史。因為曼德拉的一生，和南非的歷史是同步發展的。

　　三、改變南非歷史的不是一個曼德拉，而是一整個世代中，許多願意犧牲個人幸福的「曼德拉」才能有所成就。所以會寫到曼德

拉重要的伙伴們。

四、在一代人的抗爭中，曼德拉如何逐漸成為領袖？他的領導氣質為何？如何形塑領導風格？怎麼從錯誤中學習？而他為了抗爭做了什麼樣的犧牲？這些都是書寫的重點和脈絡。

跟著這個脈絡，每個篇章的命名都可以看到曼德拉在不同階段所展現出的人格特質。

「堅毅的少年」、「抗爭的律師」、「逆境的領袖」、「不屈的囚犯」、「和平的推手」。曼德拉一步一步成為世人所景仰的曼德拉。我自己在看曼德拉的自傳時，好幾次忍不住落淚，寫的時候也是這樣的。很希望當時自己被感動和被激勵的部分，經過改寫之後仍然能保留下來，讓你們在讀的時候，也感受到同樣的情緒，並瞻仰到曼德拉的丰采。

這本書我寫得好開心，真摯的希望你們也能喜歡。再次感謝三民，很用心的出了很多叢書，讓我也能有機會享受寫作的快樂。

詹文維

詹文維，名字很像男生，常被看成詹文雄。由於個性有些像男孩子，所以也被學生暱稱為「雄哥」。以前穿裙子會被學生說幹嘛男扮女裝，自從生了孩子之後，殺氣大減，以「小維妹妹」或「小維媽媽」自居。現在是個快樂的媽媽，雖然日子很辛苦，但是有個很可愛的寶貝。睡覺的時候，這位媽媽喜歡看著寶貝的後腦勺，然後在心中吶喊的問自己，為什麼寶貝連後腦勺都這麼可愛呢？現在最大的希望是，寶貝長大後跟她一樣愛運動、愛看書，而且愛看媽媽寫的書。

打不倒的自由戰士
曼德拉

CONTENT

曼德拉

1918～2013

01

堅毅的少年

　　1925 年南非庫奴村。

　　夕陽照在美麗的大草原，幾個放牧的孩童追逐玩耍著。

　　「笨蛋！來抓我啊。」七歲的納爾遜‧羅利赫拉赫拉‧曼德拉衝著伙伴咧嘴做鬼臉，迅速從一塊堅硬光亮的大石頭上滑下來。

　　羅利赫拉赫拉，是曼德拉父親給他取的名字。在科薩語中是「搗蛋鬼」的意思。曼德拉烏黑晶亮的眼睛聰明的轉呀轉著。

　　他的伙伴正要抓住他的時候，他俐落的低伏身子繞到大石頭後面。

　　「咦？」曼德拉的伙伴，呆呆的抓著頭，愣在那裡。

曼德拉兩三下子又爬上大石頭，哈哈大笑的滑下來，還敲了伙伴的頭。

「好痛耶！」伙伴咕噥抗議，死命揪住曼德拉的衣服。「哈，這下抓到你了。你要帶我們去釣魚了！」

庫奴村是個窮地方，孩子們所謂的衣服，其實也不過就是一塊從肩頭裹到腰間的破布。

「好啦。」曼德拉和伙伴拉扯著，討價還價的說：「等明天啦。」

他是這群孩童中最鬼靈精怪的一個，總能找到最隱蔽的溪流，自己動手做出最好的釣魚工具。

「曼德拉！」遠方傳出一聲大喊，孩子們轉頭看了過去。

曼德拉的姐姐一邊跑過來，一邊大喊：「爸爸找你啦，叫你快回家。」

「喔！喔！」伙伴們異口同聲的發出怪聲，刷的一下，不約而同的指著他。「你死定了！」

「才不會哩。」曼德拉作勢咬伙伴的手指。

　　雖然這麼說，他還是偏著頭想了下。他最近有作弄過什麼人？還是做了什麼壞事嗎？不然嚴肅的爸爸怎麼會突然把他叫回家咧？

　　啊！兩天前是有個叔叔在他玩的時候，問了他一些話，還問他的名字。

　　他皺著眉頭，想不起來，他有說過什麼不該說的話嗎？

　　「快一點啦！」姐姐叉腰出現在他的面前。「不然爸爸生氣你就完蛋了。」

　　曼德拉的父親加德拉曾經是一名很有威嚴的酋長。酋長本來是世襲的。但是南非當時為英國所統治，「酋長」一職也必須獲得政府的批准才可。有一次父親因為得罪英國地方官，而被撤除了職位。至於什麼事情，曼德拉也不知道。不過曼德拉還是很敬畏父親。

　　「好。」曼德拉一溜煙跑回看顧的牛隻身邊。

　　平常這時候，他總要低伏在牛肚上喝上兩口香甜的牛奶，但今天看來沒多少時間，他俐落的

翻身騎在牛背上。

「喔。」他低聲悶叫著，歪了歪屁股。

誰叫他總是貪玩從大石頭滑下的遊戲，這下屁股磨腫囉，痛唷。

「我回來了！」平常曼德拉回家都會跑到廚房去看媽媽煮菜，聽她說族內流傳的神話故事，不過今天他可沒耽誤，立刻跑去父親房間報到。

「嗯。」曼德拉的父親加德拉正在翻著幾件衣褲。

在還沒有被剝奪酋長地位之前，他是一位富有而體面的貴族。而現在，他只能回到他第三任妻子的故鄉，住在妻子簡陋的房子，靠著親戚們的幫忙過日子。

曼德拉一見到父親，馬上站得直挺挺的。

　　他聽媽媽說過，父親有王室的血統，以前還是國王的顧問。幾年前老國王去世，王位繼承發生爭論。最後父親推薦的容京塔巴，終於受到族人和英國人的認可而當上國王。

　　「羅利赫拉赫拉。」加德拉叫喚著曼德拉。「你該上學了。」

　　曼德拉仰望著父親，父親的話他從來不敢違抗。但是他還是困惑的皺眉。「上學？」這村子沒幾個人上過學！就連父親也沒有呢！父親怎麼會叫他上學呢？

　　上學對父親來說似乎也是一件大事，從來不多說話的加德拉慎重其事的解釋：「今天有人來拜訪你母親。他說曾經在村子和你說過話，覺得你很聰明，一定要讓你上學。」

　　喔，聰明！曼德拉因為父親的稱讚，微微的紅了臉，嘴角浮現傻氣的笑意。

　　「你去上學，一定要穿得

漂漂亮亮的。」父親拿起一件舊褲子，在曼德拉的腰間比了比。

曼德拉這輩子還沒穿過長褲，不禁心跳加快，興奮了起來。不只是他，整個村子裡，他可沒見過哪個男孩穿過褲子呢！

穿上褲子好像表示他一下子就長大了。

父親拿起剪刀，沒有遲疑，一刀剪短。「穿看看吧。」

曼德拉笨手笨腳的套上褲子，身體竟然微微熱了起來。

褲子的長短勉強可以湊合上，但褲腰太寬了。曼德拉笨拙的抓緊褲腰，以免褲子掉了下來。他呆呆的站在那裡笑著。

父親微微一笑，拿了條繩子，幾下就幫小曼德拉把褲子齊腰裹好。「很好。」父親滿意的看著兒子穿上生平第一條褲子。

「很好。」雀躍的曼德拉模仿著父親的語氣，得意的拉著褲子抬著腳，裝模作樣的走了幾步。

　　上學是件歡喜莊重的大事，而父親的褲子是這樣令人自豪。

　　父親摸了摸他的頭。「好好去上學，不要讓那些英國人瞧不起。」

　　當初他會丟了酋長的職位，是因為他和族人發生糾紛，被族人告向英國地方官。但是他堅持若涉及族內的事情，應該以族人習俗為準，地方官無權干涉。這是他做人的原則，為了這個原則，家族丟了世代相襲的酋長職位。

　　英國人總是瞧不起他們，總是欺壓他們。他希望自己的孩子能因為受了教育而有了對抗英國人的力量。

　　即使教育是英國人所提供的，他也得把期望放在曼德拉身上。

　　父親看著曼德拉，陷入沉默。曼德拉不明就裡，但他還是笑開了嘴，似懂非懂的大聲回答：「好！」

　　父親說，不要讓英國人瞧不起。曼德拉並不

知道，從此之後，他將一輩子為這個目標而奮鬥。

● ☆ ● ☆ ● ☆ ●

曼德拉九歲那一年，父親生病過世，國王因為感念當年加德拉推薦的恩情，而當起曼德拉的監護人。曼德拉從貧困的村子，進入了豪華的皇宮。

國王雖然有一對兒女，但他對曼德拉視如己出。「曼德拉，我的衣服燙好了嗎？」國王走進房間裡頭。

曼德拉在皇宮裡除了勤奮的念書，也幹些雜活。他最喜歡幫國王燙衣服了。能讓國王穿上體面的衣服，會帶給他莫大的驕傲感。

他在國王的衣服上，燙出了漂亮挺拔的褶子。

「你做得真好。」國王摸著他的頭稱許：「塔滕枯盧。」

國王都是這麼叫曼德拉的。這在科薩語中是「老爺爺」的意思。因為曼德拉嚴肅時，看起來像是小老頭。

「這是一定的，今天要開部落大會。這是大事，我不能讓您失了威嚴。」曼德拉老氣的說著。

遭逢變故，又遠離故鄉慈母。曼德拉已經不是那個鄉下野孩子，他逐漸顯得較為內向嚴肅與沉穩。

「謝謝你。」國王笑著說：「這樣我就可以穿得漂漂亮亮的被罵了。」

「被罵？」曼德拉瞪大眼睛。「誰敢罵您啊？」

「開部落大會的時候，不分地位尊卑，每個人都可以批評我的。」

曼德拉急切的說：「那我會告訴他們，他們錯了。您是很好的國王。」

「塔滕枯盧。」國王笑了。「一個能接受別人意見，並整合不同意見的人，才是好的國王啊。」

曼德拉不發一語。

他還是覺得奇怪，在皇宮，他是如此感激與景仰著國王啊。

「我的塔滕枯盧。」國王看出他的心思，說道：「一位領導就像一位牧羊人，他待在羊群後面，讓領頭羊跨步向前，其他羊尾隨前進，牧羊人只是殿後，羊群也不知道一路上有人在後邊指揮牠們前進。」

曼德拉明白些了，他笑著說：「那將來加斯蒂斯一定是很好的牧羊人。」

加斯蒂斯是國王的大兒子，和曼德拉差了四歲。兩個人情同手足，曼德拉很崇拜他。曼德拉總覺得自己一派土裡土氣，而加斯蒂斯就不同

了。他高大、英俊、體格強健又很會說笑，深受女孩子歡迎。

「加斯蒂斯太浮躁了。他不像你這麼勤勉踏實，以後他會需要你很多的幫助。你要相信自己可以繼承父親，也要期待自己將來能成為牧羊人。」國王輕輕的拍了拍曼德拉的肩膀。

「會的。」得到國王的讚許與期待，曼德拉笑了，堅定的承諾。

◉ ● ☆ ● ☆ ● ☆ ● ◉

1934 年 1 月，曼德拉十六歲了，國王決定讓加斯蒂斯與曼德拉按照傳統，施行割禮，這是從少年轉向成年的重要儀式。割禮是男人勇氣和耐力的考驗，只能咬緊牙關撐過去。受過割禮後，男孩要喊道：「恩迪英多達！」（我是男人了！）施禮的時候曼德拉極力掩蓋自己的痛苦。因為男孩可以哭，但男人必須深藏自己的痛苦。

割禮之後，男人在接下來的兩個月裡，獨居於草屋，等待傷口慢慢癒合，並且沉靜的思考如

何為成人世界做準備。結束獨居生活後，男人們所住過的草屋和屋裡所有物件都要付之一炬，透過這種儀式，徹底斷絕與少年生活的最後一絲連結。這是他們人生中，如此重要的一刻。

村裡為所有參加割禮的男子舉行一次盛大的歡迎會，每個人都可以得到一份禮物。曼德拉得到兩頭小牛和四隻羊，歌舞歡樂的氣氛下，他覺得自己富裕極了。那天他走起路來志得意滿，相信一切將與以往大不相同，他將迎接光明的未來！

歡迎會中，一位致詞的酋長，先是說了幾句客套話，突然話鋒一轉，嚴肅而銳利的說：「我們的兒子，你們是科薩族的花朵、是科薩族的驕傲。但是我告訴你們，成為男人只是一個虛幻的承諾。我們都被人征服了。我們在自己的國家做奴隸，在自己的土地當佃農，在白人的礦井下毀壞健康。我們沒有土地可以給年輕人，年輕人流浪到城裡，住在窩棚，喝著廉價的酒。縱然你們當

中將產生酋長，卻無力統治。戰士沒有武器、學徒只能為餬口而忙碌。我們空空的雙手不能給他們任何東西。我們給不起最珍貴的武器：自由和獨立。也許卡瑪（上帝）祂正在打盹。如果真是如此，我寧願早死上天，把祂搖醒，告訴祂科薩族的花朵，正面臨死亡的威脅！」

年輕人面面相覷，沒人想到在這歡欣的時刻，會聽到這樣晦氣的言論。酋長的話讓所有的人變得沉重、憤怒、失望和痛苦，沒有人想聽他的話。

曼德拉更是忿忿不平，深不以為然。他覺得這位致詞的酋長根本不能體認教育的價值，根本看不到白人所賜予的恩惠。這位酋長是這樣的忘恩負義啊！但是，酋長的這段話此後卻常常迴盪在他心中，如種子發芽，逐漸茁壯，終身不忘。

歡迎會結束後，曼德拉走回河邊，看著河水蜿蜒流向印度

洋，他的心緒越加激動。他暗暗的立志要跨過那
條河，進入成人世界。

＊ ☆ ＊ ☆ ＊ ☆ ＊

　　割禮後，曼德拉通過考試到克拉克柏里學院
就學，國王和加斯蒂斯都曾在這裡就學。憑藉著
過人的努力，一般學生要三年才能畢業，曼德拉
卻用兩年就讀完了。十九歲那年，他和加斯蒂斯
來到另一所教會學校──希爾德敦學院。當時，
它是南半球最大的學校，吸引全國各地來的學
子。

　　他們的院長亞瑟・威靈頓博士總是以沙啞的
聲音和驕傲的口吻，告訴這一千五百名學生：「我
是大將軍威靈頓公爵的後代，他挽救了歐洲，也
挽救了土人。」

　　每次他說完，曼德拉和同學們都以狂熱的掌
聲回應他，真摯感謝他紆尊降貴的教育他們。當
時他們將英國人當成典範，認為英國一切都好。
他們竭力使自己像受過教育的英國人，因此被戲

稱為「黑色的英國人」。

　　學生都住在宿舍，宿舍的生活管理是一個名叫莫吉帝尼的黑人牧師。他是一個開明的人，很受學生歡迎。有一天，兩名學生發生衝突，莫吉帝尼趕來平息事態。院長威靈頓不知為何也聽聞這事情，突然來到宿舍。學生們大為吃驚，對他們來說，這就像是上帝降臨到窮山村一樣。

　　高大壯碩的威靈頓咄咄逼人的質問矮小的莫吉帝尼，發生了什麼事情。莫吉帝尼尊敬的說：

　　「威靈頓博士，現在一切都還在控制之下，有關的事情我明天向您匯報。」

　　威靈頓火大的揚起眉頭：「不！我現在就要知道！」

　　「威靈頓博士，我是這兒的生活管理，明天我會向您匯報所發生的事情。」莫吉帝尼挺胸直腰，堅定而平靜的陳述。

　　沒人敢忤逆院長威靈頓！喔

不，連白人都不敢啊！

一旁的學生聽到這話，全都因過於驚駭而發愣。完蛋了！莫吉帝尼死定了！

曼德拉膽戰心驚的看著即將遭到處罰的莫吉帝尼。

叫曼德拉吃驚的是，威靈頓突然像洩了氣的皮球一樣，只是說：「喔，那好！」轉身就走了。

曼德拉回過神來，震驚的發現，原來威靈頓並非如神一樣不可撼動。原來黑人不一定要對白人卑躬屈膝，不管他的地位是否比你高！

❖ ❖ ❖ ❖ ❖ ❖ ❖

畢業後，曼德拉由於學業成績優異，順利的進入黑爾堡大學。這是南非黑人唯一的高等教育中心，也是全非洲學者們的學術聖地，地位如同英國的牛津或劍橋。他入學的那天，開心的國王還特地買了一套漂亮的西裝給他。

黑爾堡的生活多彩多姿，曼德拉愉快的學習。

不過在大學的最後一年，卻發生了一件改變

曼德拉一生的事。

　　那天他練完跑步回來，一邊啃著麵包果腹，一邊要打開房門的時候，卻被同宿舍的同學叫住。「曼德拉，發生大事了。」

　　「什麼事啊？」這幾年曼德拉的外觀有了很明顯的改變。他的身材高大、肌肉結實，舉手投足之間散發著沉穩與自信。

　　他在這幾年，愛上跑步和拳擊。他尤其熱愛跑步，因為長跑讓他體認到訓練比天賦重要。很多人說他很會念書，其實他只是比那些聰明但缺乏耐心的同學，多了毅力和踏實細膩的功夫。

　　同學嘆了一口氣。「今年選出六名學生代表，我們都被選上了。」

　　往年被選上學生代表是榮譽，但今年不是。今年多數學生們為了抗議學校的伙食太差，決定今天不去學生餐廳參與委員會的選舉。因為他們認為學生代表委員會的權力如果不擴大，不過只是學校的橡皮圖章而已。

「我自己都沒有投票啊！」
曼德拉自己也抵制這場選舉。
他詫異的問：「那誰投我們
啊？」

「二十五個人投我們。全
校一百五十人，只有二十五個
人投票。你說這荒不荒謬！我
跟你一樣都是在不知情的情形下
被選出來了。」同學無奈的說。「這可
怎麼辦啊？」

曼德拉想了下，揚起笑容。「我們可以向校長
辭職啊。」

他現在可是讀法律的高材生，說起話來頭頭
是道：「今天的選舉全校並未到場，這場選舉並未
獲得多數學生的信任和支持。我們怎麼能擔任代
表呢？」

「有道理啊！」同學露出恍然大悟的笑容。
「不愧是曼德拉啊。」

曼德拉這幾年是學校的風雲人物。他不但書念得好，而且在各種活動都很活躍。

黑爾堡長期都存在著高年級欺負低年級的情況。高年級生透過把持宿舍樓委會的職務操控低年級。但是曼德拉一入學，就集合低年級的力量，打破這種局面。

「真有你的。」同學受了曼德拉的激勵，也露出笑容。「我再找其他四個人來討論。」

經過眾人的討論，他們決定聽從曼德拉的建議，一起向校長遞交辭呈。

校長接受辭呈，卻又同時宣布，將在第二天晚餐時間在學生餐廳再次舉行選舉。這次所有學生都在場，但仍只有二十五人投票，選出同樣的六名代表。

面對這樣的結果，這六個人再次聚在一起討論。但是這次討論卻使曼

德拉陷入僵局。

曼德拉堅持，即使全部人到場，但只有二十五人投票，代表委員仍無法獲得多數學生的信任，無法代表全體學生。但是他的立場說服不了其他人，所以只有他一個人再度提出辭職信。

當時校長警告曼德拉如果他堅持辭職，就是做事不負責任，會將他從黑爾堡開除。

當晚曼德拉輾轉難眠，他在原則和前途的選擇中反覆煎熬。第二天他心中七上八下的走進校長辦公室。

一臉倦容的曼德拉深吸一口氣，喃喃的說了一句。「喔，不。這太愚蠢了。」

他只剩下最後一年就可以畢業了。只要一畢業，他就是非洲的菁英了。

他想起了母親。母親正在等他取得學士學位，等他找回父親失去的財富和特權，並在庫奴村建一間美麗的房子，讓家人過上舒服的日子。

曼德拉搖了搖頭。「可是有一百二十五個人，

連同我自己在內，都相信我不會背棄原則啊。」

他還在思索當中，手卻不自覺的敲了校長室的門。

「請進。」校長室有一大整面的落地窗，陽光灑落在校長的背後。他穿著體面，充滿威儀，揚起笑容。「你的決定呢？」

校長像是不可侵犯，不可挑戰的神。莫名的，曼德拉想起了父親的臉。

他突然說出了讓自己驚奇的話。「我不能待在學生代表委員會。」他內心深處的固執顯露出來，縱然決定愚蠢，也無法妥協。

他父親因為原則，丟失了酋長一職；他因為原則，棄絕了大好前程。

「什麼？」校長的臉因為嚇壞而扭曲了。

曼德拉在那一瞬間有種莫名的勝利感。他不是任人擺布的。

　　校長沉思一會，臉上恢復鎮定。「曼德拉，你是黑爾堡培育出來的優秀人才。如果不那麼衝動，你會做出比較適當的決定。我可以再給你一個機會，讓你考慮一個夏天。如果你答應加入學生代表委員會，明年你將可以回來黑爾堡就學。你回去想想吧。」

　　校長不再讓曼德拉說話。

　　走出校長室之後，曼德拉的心情極為複雜。他雖然感激校長所給予的機會，但他也忿忿不平的體認到，他是如何被校長的權力壓迫，以至於無法為自己做決定。一切看似寬大，卻是不公平、不正義的。

　　最後他心情抑鬱，沉重的離開了黑爾堡。

抗爭的律師

曼德拉回到皇宮之後，立刻遭到國王的訓斥。

「我不知道你到底在想什麼？不對，是你自己到底知不知道自己在想什麼？」國王勃然大怒，不聽曼德拉的任何說明。「總之，你聽好，秋天你就給我回黑爾堡，一切聽從校長的發落。然後……」

國王停頓了一下，臉色較為和緩的說：「我已經為你和加斯蒂斯安排好了婚事。都是家世很好的姑娘。我想結了婚之後，你會安定下來。不會再這樣衝動行事。」

突然聽到這麼大的決定，曼德拉整個人傻愣在那裡，無法回應。不，他不想接受傳統安排的婚姻。他在學校談過好幾場戀愛，他不要接受這

種被安排的婚姻。

他的臉色發白，表情僵硬。

國王恢復平靜的說：「你可以回去做準備了。」

國王揮手示意曼德拉離開，曼德拉茫然的走了出去，腦中一片空白。

「我們可以準備逃了。」有人從後方拍了曼德拉的肩頭。

曼德拉回頭一看，是加斯蒂斯。他一年前就離開學校，在皇家礦業公司謀了一個小職員的缺，早曼德拉幾天回到皇宮。

加斯蒂斯左右探望，拉著曼德拉的手往隱蔽的地方走。顯然他也被告知婚事，並且打算逃亡。

「沒有別的辦法嗎？」曼德拉小聲的問。逃亡這樣的念頭，讓他感到不安。好像他要背棄國王監護養育的恩情。

加斯蒂斯斬釘截鐵的說：「沒有人可以改變我父親的心意。」

他又接著慫恿：「婚姻可是一輩子的事啊。父親最近要去開會。不利用這個稍縱即逝的機會，我們的愛情就只能任人宰割了。」

加斯蒂斯說得這樣緊急，曼德拉也無法多加思考。

曼德拉在腦海中勾勒逃亡的歷程，皺眉說：「我們的證件不全，走得了嗎？」

當時非洲人若是想離開所在地，其實是困難重重的。他們除了要有「土著通行證」之外，還要有雇主或監護人的證明信，並且需要申辦旅行證明許可。

「不走永遠沒機會，先走了再說。我們可以賣掉父親的牛，籌些錢。只要我們到了約翰尼斯堡，就可以開展新的人生。」加斯蒂斯早就有了規劃。

「出事了怎麼辦？」曼德拉還是有所顧忌。他雖然心動，

依然瞻前顧後。

「那你就放機伶些，見機行事啊。」加斯蒂斯不悅的瞪著曼德拉。

「你是說撒謊嗎？」曼德拉有些掙扎的問。

加斯蒂斯生氣的說：「你這死腦筋的塔滕枯盧。你去娶父親安排的女人好了。我是好心才找你一起走，要不然我自己走！你這麼猶豫，帶著你只會拖累我而已。」說完他憤而轉身。

「好兄弟。」曼德拉馬上抓住他的手臂。「我們有福同享，有難同當，一起走吧。我保證，不給你找麻煩。」

「好。」加斯蒂斯緊握著曼德拉的手，露出笑容。

之後兩個人就靠著一個又一個謊言，躲過國王一次又一次的追捕來到約翰尼斯堡。加斯蒂斯帶曼德拉到當時最大的金礦區，去找礦場管理員皮利索。

由於國王幾個月前曾經寫信給他，請他協助

為加斯蒂斯謀職。所以皮利索認識加斯蒂斯，加斯蒂斯謊稱曼德拉是他的堂弟。「請您也為他安排一份工作吧？」加斯蒂斯懇求著。

肥胖的皮利索，銳利的目光上下打量曼德拉。經過這些逃亡的過程，曼德拉已經很會撒謊，他鎮定而不露聲色的說：「我會好好幹活的。」

「好吧。」皮利索露出笑容，把椅子轉向背後的窗戶，手指著礦區。「你就負責做看守吧。管好這些人，別讓他們出亂子。幹得好的話，我會給你讓人羨慕的好工作。」

曼德拉滿心感激的笑著說：「謝謝您，我會努力的。」

他的工作就是站在「注意，土著人（即非洲黑人）由此通過」的告示牌旁檢查來往的礦工。

礦區裡，充滿著衣著破爛，疲憊不堪的礦工。

那幾天曼德拉在礦區指揮檢查，他住在不同的宿舍，穿著整齊體面的制服，目光睥睨，有些得意忘形，覺得自己高人一等，以後前途大好。

有一天，皮利索把他們叫了過去。他坐在椅子上，面無表情的看著曼德拉。「你說，你是加斯蒂斯的堂弟。」

在皮利索緊迫盯人的目光下，曼德拉的心跳加快，不自在的擠出笑容。「是。」

「騙人！」皮利索揚高聲音，尖銳的說。「你是個騙子！」

曼德拉的臉迅速熱紅，此生從未有過這樣被羞辱的感覺。

皮利索發怒的從桌上打開一封電報。「我已經和國王聯絡過，知道整件事情了。你們兩個說謊的傢伙，竟然利用國王的好名聲，招搖撞騙。還利用我為你們找工作。」

在皮利索的怒罵中，曼德拉羞愧的想找個洞鑽進去。喔，他是怎麼了？沒多久之前，他還是

個為道德原則而戰的英雄，現在竟然成了任人辱罵驅逐的騙子。

「你們給我滾！」皮利索大吼。

* ☆ * * ☆ * * ☆

發生這件事情之後，曼德拉和加斯蒂斯淪落到幾乎身無分文的窘境。兩人商量後，決定各自尋找出路。因為曼德拉有個堂哥在約翰尼斯堡工作，所以曼德拉透過堂哥的介紹，認識了一名房地產公司的老闆，他的名字叫沃爾特・西蘇魯。

沃爾特在約翰尼斯堡享有良好的聲譽，是個熱心且成功的商人。

站著的曼德拉緊張的和坐在椅子上的沃爾特對看著。

沃爾特看上去沒大曼德拉幾歲，神情沉穩自信、嘴角掛著笑意，一雙眼睛透露閱歷豐富的智慧，彷彿能將人看穿一樣。

「我聽你堂哥說，你想當律師。」沃爾特示意請他坐下，真誠的露出笑容。

　　「是的。」曼德拉卸下心防，對他講述自己在黑爾堡所遭遇的困難，以及如何想在南非大學註冊，透過函授取得學位，完成當律師的夢想。

　　在曼德拉說明的過程中，沃爾特的電話響起。沃爾特接起電話，他操持著流利的英語，自然的比手畫腳，手勢不誇大，卻充滿著吸引力。

　　放下電話後，沃爾特抱歉的說：「跟你談話很愉快，只是我現在有件比較緊急的事情得處理，只得中斷了。」

　　曼德拉急著說道：「沒關係。這麼打擾您，我才深感不安。」從桌上堆積如山的文件，曼德拉可以看得出沃爾特有多忙碌。

　　沃爾特笑道：「我認識一個猶太白人律師。在白人當中，猶太人是比較不歧視我們黑人的。我可以推薦你到那裡打工。我在亞歷山德拉*還有間適合你的空房子。你不嫌棄的話，我可以提供

---

*亞歷山德拉：位於南非約翰尼斯堡市郊的一個小鎮。

給你。今天傍晚我就可以帶你過去了。」

曼德拉喜出望外。「喔，我不知道怎麼對您表達我的感謝。」

沃爾特熱忱的拉住曼德拉的手。「先別高興的那麼早，我有我的目的。」他露出了神祕的笑。

為了這句話，曼德拉不安的等了沃爾特一天。傍晚，沃爾特開車載他前往住處。在那個年代，有車可開，又考得過駕照的黑人更少。

亞歷山德拉鎮和約翰尼斯堡的繁華形成強烈的對比，既沒有先進的設施，路也很顛簸。

沃爾特手握方向盤說：「他們白人政府是不管我們黑人死活的，這裡沒有電和足夠的水，五十戶人家，共用一個水龍頭。池塘的水，又髒又臭，還爬滿蛆蟲。但是我們多數的同胞都是住在這裡，因為這是我們黑人少數可獲得自由支配財

產的地方。這地方對我們來說，是『自由』的。」

曼德拉一時不知道怎麼接口。「沒關係，有地方住，我就很感激了。我不怕吃苦的。」

他支吾的問：「您對我真的很好，可以告訴我，為什麼對我這麼好嗎？」

沃爾特爽朗的笑著。「因為你告訴我，你想成為一個律師。因為我相信你可以成為一個很好的律師。」

沃爾特話鋒一轉，說：「你知道《土地法》嗎？它剝奪我們黑人87%的土地所有權。那是我們的出生地。還有那該死的《城市法》，它製造出一個又一個黑人貧民窟。」

沃爾特慷慨激昂的陳述。「我們在白人專用飲水處喝水、在白人專用海灘上行走、住了不該住的地方，都叫犯罪。我們所遭受的羞辱和歧視是無所不在的。我們太需要律師了。」

曼德拉暗暗紅了臉。他為自己曾在礦場上的行為感到羞赧。他竟然不自覺的為了錢，成了壓

迫同胞的幫手。

「兄弟。」沃爾特親熱的叫喚他。「如果我有機會像你這樣好好上學，我也會希望能成為律師的。」

「啊？」曼德拉驚訝的看著他。

沃爾特聳起肩，輕鬆的笑了笑。「我沒讀過幾年書。」

曼德拉吶吶的說：「可是你的英文比我還流利啊！」他一直以為成功就是要會讀書、靠讀書把英文學好。但是沃爾特徹底打破他這種單純幼稚的想法。

沃爾特哈哈大笑。「在約翰尼斯堡大學，你什麼都學得到。」

曼德拉不自覺的被他的笑意感染。看著他，曼德拉湧起滿滿的羨慕和敬佩。沃爾特是在城市中歷練茁壯的人，在他面前，曼德拉覺得自己像是溫室的花朵，一直躲在學校和王室的保護之下。

未來雖然不可知，令人恐懼。但曼德拉突然

生出一種興奮之情。相信在這裡學習，他自己也會成功蛻變的。

「你要成為一個為其他兄弟們服務的好律師啊。」沃爾特的聲音在曼德拉耳邊響起。

●　☆　●　☆　●　☆　●

曼德拉在沃爾特介紹的事務所工作了好幾年。他的白人老闆對他很和氣，也送過他一套舊衣服。曼德拉的薪水有限，在支付學費和生活費之後，已經是入不敷出了。這五年之內他幾乎天天都穿著那件衣服。穿到衣服不只破爛，還有股怪味道。

雖然辛苦，但曼德拉的確憑藉自己的能力，在這個地方立足生根了。

曼德拉在事務所認識了一名叫高爾的非洲人。高爾能力很強，卻是個令老闆頭痛的人，因為他不但是共產黨人，而且熱心參與抗爭事務。老闆總是叫曼德拉要遠離高爾，遠離政治。

「共產思想」起源於 19 世紀。當時因為工業

化的推展，加速了貧富
的差別。窮人因為有錢
人的壓迫而陷入難
以逃脫的貧困之
中。共產主義主張
窮人要聯合起來，透過
抗爭暴力的方式，推翻壓迫者。

　　這套學說在 20 世紀促成俄國政府被推翻，並
成立「蘇聯」──全世界第一個共產政權。此刻，
這套學說在南非也逐漸散播開來。曼德拉雖然覺
得這套說法不大符合南非的情況，但他仍然從中
學到一些東西。

　　當時，為了抗議亞歷山德拉公共汽車車費調
漲，高爾帶領曼德拉參與抵制公車的遊行。一系
列的抵制活動逼使車費調降回來，也使得曼德拉
逐漸從政治的觀察者變成參與者。

　　高爾私下和曼德拉說，只要他還在事務所，
能為事務所帶來客戶，事務所就不可能把打工的

曼德拉收為正式的學徒。沒有幾年正式學徒的資格，就無法考取律師。

「我的朋友。」慷慨的高爾說：「對於我們黑人的抗爭來說，你成為律師非常重要，因此我打算離開事務所，開個房地產代理公司。我走了之後，他們別無選擇只能收你做學徒。」

曼德拉懇請高爾不要辭職，但高爾仍然離開事務所，而事務所也在此時收了曼德拉當學徒。同時，曼德拉通過南非的大學考試，考入威特沃斯蘭德大學攻讀法學士學位。這所大學人稱「智慧大學」，是南非第一流講英語的大學。曼德拉是法律系唯一的黑人學生。在這裡，他受到歧視，但也結交許多開明的白人知識分子，更加打開他的眼界。

二十六歲那年，曼德拉決心和沃爾特一樣加入「非洲民族議會」——一個爭取黑人及有色人種投票權的組織。

那幾年，丹尼爾‧馬蘭所領導的南非國民黨，在白人的選舉中多次獲得勝利。馬蘭主張「種族隔離政策」、「白人必須永遠是主人」，他如火如荼的推動多項壓制黑人的法案。

為了與政府當局抗爭，曼德拉在會議中，提出了新的思考方向。「以合法的方式進行活動，已經行不通了。我們必須採取一種非洲民族議會從未採取過的新方式。」

這一年，曼德拉三十二歲，經過幾年的政治和律師生涯的歷練，他已經和十年前到約翰尼斯堡的時候完全不同了。

他的鬥志昂揚，說話鏗鏘有力，思慮細膩而明快。近幾年他在「非洲民族議會」創辦青年團，後來成為青年團主席。

「你的新方法是什麼呢？」非洲民族議會的

主席蘇馬博士客氣的問。

「非法但非暴力的抗爭方式。」曼德拉說：「用抵制、罷工、罷市、示威抗議及其他群眾運動的方式對抗當局。」這是他和其他青年團成員的共識。

曼德拉加強語氣和手勢說：「我們要呼籲大家寧可坐牢，也不能接受政府一個又一個不合理的法案。而我們身為領導人更要勇於為自己的信念坐牢。」

蘇馬博士的臉色微變。這句話對蘇馬博士而言，無疑是公然的挑戰，挑戰像他們這樣老派的領導人是否敢為自己的信念而戰。

蘇馬博士壓下自己的怒意說：「坐牢是一個很好的道德訴求。但是時機還未到，貿然採用的話，只會給當局鎮壓組織的理由。這對組織的發展不利。」

「什麼叫做時機未到呢？」曼德拉揚起了聲音。「再不做就來不及了！馬蘭所推出的法案，已

經越來越荒謬了。他取消了我們本來就有限的投票權。他說白人和非白人通婚就是有罪的。已經結婚的一家人，爸爸是白人，媽媽是黑人，小孩是混血人種，這樣就必須被分成三個階級。喔，這是多麼荒謬啊。」

曼德拉的話，具有極大的感染力。在場多數的人，都跟他站在同一陣線。

曼德拉嘆了一口氣。他的話現在能具有感染力，並不是因為他演講的能力進步了。而是因為他的工作，讓他比別人更能體會到法律的荒謬。

曼德拉說：「有一次，我接到一名有色人種的男子的案子。他說由於疏忽，他被劃分成黑人，使他的權益受損。我準備了確鑿的證據，但是那兩個白人法官，卻連看都不看，只叫我的客戶背對他們，依據我客戶下削的肩膀，來判定他是有

色人種而非黑人。一個人的命運竟然是由肩膀的形狀決定！」

會議中，冒出酸澀的笑聲。

「我們所熱愛的國家已經變成這樣了！」曼德拉義正辭嚴的說：「現在就是戰鬥的時刻了。」

「戰鬥需要情緒去點燃，但是意氣用事，長久來看是不利的。這樣的行為，政府不可能坐視不管。非洲民族議會日後將被迫成為非法的組織。」蘇馬博士仍然反對曼德拉的主張，他提出了預言式的警告。

非洲民族議會本來面臨極大的財政危機，是他使得這個組織得以累積資產，順利運作的。

他不願眼睜睜看到這個組織毀於莽撞的年輕人手中。

曼德拉看了看難以說

服的蘇馬博士，又看了看他的同伴們，沉痛的說：
「博士，我們非常尊重您，但是我們希望看到嶄新的非洲民族議會。如果還是舊的非洲民族議會，我們就無法追隨您。」

「你這是在威脅我嗎？」蘇馬博士勃然大怒。

曼德拉不說話，和敬重的長輩決裂，畢竟是一個沉痛的決定。

沃爾特和其他人站起來說：「我們已經為這次行動訂好名字。就叫做『蔑視運動』，將維持半年。」

他們繼續說明：「第一階段，我們將走遍全國各地，訓練一小部分的志願者，有選擇性的觸犯法律。例如使用白人的洗手間、出入白人專用的火車車廂，而使志願者『光榮』的入獄。第二階段是發動大規模抗議與全國性的大罷工。」

計畫已經很完備，勢在必行。

蘇馬博士深覺受到羞辱。「你們……」他氣到無法言語，憤而離開。

　　和蘇馬博士決裂後，他們另外選出財力雄厚的莫羅卡博士。曼德拉在此時走遍南非大多數的地方為活動進行宣傳和說明，活動在各地的小城市都獲得很大的迴響。五個月之內全國八千五百多人參加這次行動，他們高唱：「嗨，馬蘭！快打開牢門，讓我們進去。」在多數地方，罪名都很輕，處罰不過是幾天到幾週的監禁，罰款也很少。不過非洲民族議會的成員卻從兩萬人增加到十萬人。

　　活動進行的同時，曼德拉第二個兒子出生。曼德拉抽空去醫院探望妻子伊芙琳。

　　伊芙琳跟他是在沃爾特的家中認識的，他們已經結婚好幾年，連大兒子坦比都五歲了。因為獻身政治，所以夫妻聚少離多。曼德拉對伊芙琳深感愧疚。

　　「我帶了妳和坦比喜歡吃的東西。」曼德拉溫柔的看著妻子。他憐惜的順著妻子的髮絲，在她的病床邊坐下。

「坦比呢？」曼德拉問。

「他在我弟弟家。」伊芙琳抿了一下嘴唇。

「太可惜了。我又看不到他了，我特地去買了糖果要給他吃呢。」想起可愛的兒子，曼德拉的嘴角不自覺的泛起笑意。

臉色蒼白的伊芙琳哀怨的說：「你知道嗎？坦比問我爸爸住在哪裡？」

曼德拉的笑容僵住。他早出晚歸，又經常在外奔波，孩子能見到他的機會屈指可數。

空氣陷入可怕的沉寂，伊芙琳打破死寂，問道：「這個孩子你要給他什麼名字呢？」伊芙琳指著嬰兒床上的兒子。

曼德拉趨前看著兒子，憐惜的在他的額頭上一吻。「馬克賈托。」

伊芙琳問：「這名字從哪裡來的？」

這是非洲民族議會第二任主席的名字。曼德

拉本來要解釋，但是看到妻子的臉，他選擇簡單的說：「這是一個代表勇氣的名字。」

伊芙琳多少猜得到一些，臉色沉得更難看。本來應該是充滿柔情歡樂的一刻，卻又出現了緊繃的靜默氣氛。

這幾年，他們兩人之間的分歧越來越大。曼德拉對妻子充滿抱歉，最後他只能強打起笑臉，轉向妻子的臉上一吻。「我是在為我們的孩子能生活在一個更美好的國度而努力。」他真誠的說。

「我和沃爾特都得去法庭一趟。」曼德拉看著妻子。「政府想要打擊我們這些人，所以給我們找了些麻煩。不過妳放心，我們不會被抓去關的。」

伊芙琳的眼淚再也忍不住的流下來。「如果你被抓去關，是不是就比較能懂我的痛苦呢？」

伊芙琳說出了曼德拉想都沒想到的話。曼德拉愣在那裡。

「你把我一個人關在家裡，關在醫院！」伊

芙琳情緒失控的指責。「上帝，你就不能給我一個安穩的生活嗎？你是當人家的爸爸，不是聖誕老公公每年發一次糖果就可以了。」

曼德拉無語，抱著妻子，噙著眼淚。有一瞬間，他也不知道為了政治運動犧牲了生活和財富是否值得。

一旁的嬰兒受了驚擾，哇哇大哭。

蔑視運動空前成功，深深震撼南非政府。為了遏止這場運動，南非政府大規模的以《鎮壓共產主義法》逮捕參加運動的首腦。

法律的規定是，一個人就算沒有經過加入共產黨的儀式，但是只要他有類似共產黨的反政府行為，就可以被認定是共產黨人，政府就可以以此判刑。

開庭的這一天，法庭外聚集大批遊行的示威者，法庭內擠滿了支持曼德拉等人的群眾，他們此起彼落的喊著：「回歸非洲！」

「肅靜！」法官威嚴的維持法庭秩序，肅殺的氣氛下，非洲民族議會的主席莫羅卡博士被傳喚。

「法官大人，我請求您的寬恕，我是無端被捲進這場運動的。」莫羅卡一開口，就像是在曼德拉等人的臉上狠狠的摑了一掌。

莫羅卡繼續佯裝感傷的說：「我才剛當上他們的主席沒多久，事實上，我被排除在行動的策畫之外啊。」

「我不是共產黨，我也痛恨共產黨。」莫羅卡極力撇除任何可能定罪的指控，這將損及他的財富，改變他的生活。

法官顯然也沒有料想到莫羅卡會有這樣的說詞，因此愣了一下。「那這群被告中是否真有共產黨人？」

「喔！是的。」莫羅卡的手指了出去。

包括曼德拉在內的一群人都被他指為共產黨。人群噓聲大作。曼德拉和他的朋友們癱坐在位子上。

他不是害怕被指為共產黨，而是難以承受被背叛所帶來的深重屈辱感。

這場審訊，本該展現的堅定和團結會是蔑視運動最波瀾壯闊的高潮，但莫羅卡的背信棄義毀了這光榮的一刻。

曼德拉冷眼看著莫羅卡，他的思緒飄到了伊芙琳身上。如果伊芙琳知道了，一定會藉此要他離開非洲民族議會吧。

曼德拉不自覺的握起拳頭。他不會因為同伴的背叛而退卻，只是這條艱難的政治路要找到堅定的伙伴，真的很難啊。

● ☆ ● ☆ ● ☆ ●

這場審訊，曼德拉被判處九個月監禁和苦役，但是緩刑兩年。曼德拉因此暫時被處以禁令，兩年內不得離開約翰尼斯堡，不得參加任何集會，包括兒子的生日聚會。

然而曼德拉還是持續在暗中進行抗爭，同時也以律師的身分為黑人服務。曼德拉和黑爾堡的

好朋友奧利佛·坦博合開「曼德拉和坦博」辦公室。這是當時南非唯一一家由黑人所開的律師事務所。

「早。」曼德拉面帶笑容和等在事務所外面的群眾打招呼。他小心的拿著咖啡杯走著，他得擠過擁擠的等候人潮才能進到辦公室。

沒多久，奧利佛走進來笑著和曼德拉說：「資格證書你帶了嗎？」

有一次曼德拉出席法庭的時候，法官因為不喜歡曼德拉走進法庭的姿勢，就無理的要求曼德拉出示律師資格證書。這就像是要學生聽課時隨時出示學生證一樣荒謬。後來，法官甚至以沒有證書為由將曼德拉趕出法庭。經過抗議，這個法官後來被換掉。

黑人每天受到的屈辱不知多少，所以「資格證書帶了沒？」就成了他們之間的一句玩笑話。

「我們有一個貴客要看你的證

書喔。」奧利佛揚起神祕的笑容，從門口帶進一個人。

曼德拉難以置信的脫口：「喔，不，國王。」

國王帶著慈祥的笑容出現在曼德拉的眼前，讓曼德拉的眼淚幾乎要奪眶而出。

「你成為律師，成為牧羊人了。」國王笑著說。

自從蔑視運動奠定了曼德拉在非洲民族議會的領導地位後，他便成為家喻戶曉的自由戰士。

國王的肯定讓曼德拉再也無法按捺情緒，他上前抱住國王。「謝謝。」對於國王的栽培和諒解，他無法用更多言語來表達心中的感激。

「我是來找加斯蒂斯的。我希望他回去繼承我的王位。」國王拍了拍曼德拉。

近距離的看著國王，曼德拉發現國王蒼老許多。曼德拉百感交集的說：「加斯蒂斯也長大了。我想他不會逃避擔任國王的使命。」

「如果你當不了律師的話，還是可以回去當王室顧問的。」國王突然冒出這句話。

曼德拉笑了笑，卻有些不明白。

國王擔憂的說：「我偶然間聽到一些話，說是你的辯護律師資格將被取消。」

乍然聽到這句話，曼德拉愣了愣。他壓抑著不安，打起精神說：「我打過很多仗，不會這麼輕易被打倒的。」

看到國王，他想起從黑爾堡大學離開當時的沉重心情。經過這麼多年，他已經不同了。他不會再為一時的挫折焦慮而茫然。

曼德拉笑了。心裡想：「不管什麼打擊，我都不屈服。」

03

逆境的領袖

曼德拉並非一個人在戰鬥，許多人主動為他辯護，法官也給予公正的審判。判決如下：曼德拉有權為他的政治信仰而進行活動，即使這些活動是反對政府的。

不料，另一個更大的危機在前方等著他。

1956 年底某日天剛亮，一陣粗暴的敲門聲驚醒了曼德拉一家人。曼德拉當著孩子們的面，被警察以「嚴重叛亂罪」逮捕。

這是一場全國性的大搜捕，非洲民族議會的領導人幾乎全數遭到逮捕。曼德拉等人被移送到約翰尼斯堡監獄。

他們先被帶到牢房外的院子裡，獄警凶狠的壓制他們，喝令：「把你們的衣服脫光，按順序靠

著牆壁站好。」

　　曼德拉和其他人面面相覷，沒人動作。獄警毫不留情的敲下一記警棍，粗暴的拉扯他們的衣服。

　　「我自己來。」面對惡劣的形勢，曼德拉等人只能接受這侮辱人的要求。

　　一群中老年人，尷尬並困窘的在風中瑟縮一個多小時，才獲准穿衣服。之後，他們被移送到公共牢房。簡陋的牢房只有一個沒有遮蔽物的廁所，每個人也僅有一條薄毯子禦寒。

　　拿到薄毯子，曼德拉皺著眉頭，憋氣忍住令人作嘔的味道。

　　毯子上面滿是血漬和嘔吐物，爬滿了蝨子還有蟑螂，味道比下水道還要難聞。

　　儘管環境惡劣，能將所有為自由而戰的人聚集在一起，還是令曼德拉振奮。他們在牢房中看到報紙，知道全國各地都有支持者發起抗議大會和示威遊行，讓他們備感安慰。在等待法庭傳訊的兩個星期之中，他們盡情的交流政治意見、演

說黑人的歷史、演唱非洲音樂，甚至還安排體育鍛鍊。

兩週後，預審開始進行。預審的目的在審查政府的指控是否充足，是否應把被告移交最高法院。政府起訴了多名被告，罪名是嚴重的叛亂罪，以及在全國密謀使用暴力推翻現任政府，並以共產主義政府取代。

為了容納多名被告，政府當局只能以約翰尼斯堡的操練廳當作臨時法庭。曼德拉和同伴們被關在封閉的大蓬警車，由大批武裝士兵以軍車押送。街上擠滿支持群眾，他們歡呼、歌唱並搶著和曼德拉等人打招呼。

肅殺的移送，變成歡樂的勝利大遊行。

進入大廳後，曼德拉等人邊走邊用拇指表示非洲禮節，並點頭向支持者致意。這一切都讓曼德拉的腳步輕快起來。

第二天支持的群眾更多，警察如臨大敵。當局甚至架起巨大的籠子，當作被告席。他們以鐵

絲網和大批武裝警察將曼德拉等人和律師隔開。曼德拉他們調皮的在籠子邊貼上一張小紙條，上面寫著：「危險，不要走進餵食。」

政府以「異想天開」的方式侮辱曼德拉等人。曼德拉的律師辯護團立刻提出抗議，說政府對待他們「像對待野獸一樣」。在抗議之下，籠子才被逐步拆除。接下來幾天的審訊都在宣讀起訴書，因為光是起訴書就長達一萬八千字。

為了營救他們，社會各界為所有被告籌集保釋金。曼德拉等人終於在第四天的時候獲得保釋，法庭將擇期重新開庭。

● ☆ ● ☆ ● ☆ ●

審判的時間，持續數年。這當中曼德拉和伊芙琳的婚姻正式宣告破滅。之後曼德拉透過奧利佛認識了一名叫溫妮的年輕女子。溫妮家世良好，父親從商，她則是名婦女福利救濟工作者。曼德拉對她一見鍾情，多次找理由約她吃飯。

交談幾次之後，他們開始約會。

明燦的陽光照在如茵的綠草上，涼風徐徐，宜人舒服。

不過溫妮一開口，卻直率而犀利的指出了曼德拉近來的窘境。「我聽說你們的事務所已經被迫歇業，上次罷工也很不成功。」

那時南非正舉辦一次白人才能參加的「全民選舉」，曼德拉發動罷工，並喊出「國民黨滾蛋」的口號，意圖使推動種族歧視的南非國民黨敗選。

但結果是南非國民黨在選舉中增加 10% 以上的選票。

四十歲的曼德拉在二十五歲的溫妮面前露出了苦笑。「看來妳很關心我們的活動。」他只能這麼說了。

「人們說你是英雄。我很好奇，英雄如何在難關中堅持信念？」溫妮慧黠的眼眸閃著笑意。

曼德拉知道這小姑娘並不是在取笑他。跟她在一起，是這麼讓人覺得舒服，可是又會像個小伙子一樣的怦然心動。

「喔。」曼德拉略低著頭看著她，笑道：「還好人們說我是騙子的話，沒讓妳聽到。」

曼德拉成功的吸引了溫妮的注意，她瞪大眼睛。「騙子？」

「上次在抵制『索菲亞鎮遷移計畫』中，我被當作騙子。」

「我知道……」溫妮頓了一下，才開口說：「這個抵制活動也是失敗的。只是我不知道你受這麼大的責難。」

溫妮的聲音好溫柔，曼德拉克制住想輕撫她頭髮的衝動說：「政府可以根據不合理的法令，強制我們黑人搬遷，而不顧這裡是黑人最大

最古老的居住區。我們為此抗爭了兩年，舉辦討論、演講等各種活動，還喊出『踏過我們屍體』的口號。我們鼓勵了許多年輕人參與抗爭，但在當局優勢的軍警包圍之下，我們卻只能勸年輕人離開。索菲亞鎮的一切被摧毀殆盡。憤怒的年輕人指責我是騙子。」

「我相信，你們也是不得已的。」溫妮安慰他說。

曼德拉語重心長的說：「如果妳願意相信，我不是騙子，也不是英雄。我只是一個自由戰士。」他深深的凝望著溫妮。「與其說我始終堅定信念，不如說我找不到理由停止戰鬥。戰鬥沒有回頭路，要不勝利，要不倒下。」

溫妮深深吸了一口氣，不自覺的撫著胸口。她被這句話震撼到了，但她也困惑。「這麼多的挫折，這麼辛苦的日子，還有一場無止盡的審判，難道不足以讓你停止戰鬥嗎？」她仰望著他。

曼德拉搖頭。「《班圖教育法》正在摧毀著我

們的下一代。這個法案強迫原屬教會所管理的小學和中學，必須轉交給政府。而政府擺明了，黑人小孩跟白人小孩要學不一樣的東西。政府用羞辱的方式強迫我們的下一代接受歧視性的教育。如果他們不接受的話，就什麼也別想學。」說到這裡，曼德拉的語氣激動起來。在伊芙琳面前，一說到政治的議題，兩人就會吵架；但是在溫妮面前他卻是侃侃而談，暢所欲言。

曼德拉斷言：「這樣的教育，將激起一代憤怒的青年投身戰鬥。我必須持續站在戰鬥的位置，把我的經驗傳承給他們。告訴他們，我們在失敗的戰鬥中，學習到了什麼。」

曼德拉雙手握成拳頭。「我想把自己奉獻給下一代，但我卻不是一個好爸爸，我對我的兒子有很多虧欠。」

曼德拉的語音略略哽咽。他和伊芙琳離婚後，兒子坦比因此一度放棄學業。還是個小孩的坦比，總愛穿著曼德拉的衣服，這會讓他覺得爸

爸一直都陪在身邊。

「我不是一個好爸爸。」
曼德拉喃喃的重複這句話。

溫妮聽得很心疼。因為
誠懇，眼前這個男人顯得更有
魅力。

曼德拉深深的吸了一口氣。
「我不能讓我的兒子過安穩的日子，但我要為他
們的世代而戰鬥，為了黑人的未來而戰鬥。」

溫妮眨了眨溼潤的眼睛，握起了曼德拉的
手。他厚實的掌心，讓人覺得安全而可靠。溫妮
突然對曼德拉一笑，有些害羞，有些調皮，烏黑
的眼眸也是笑得亮燦燦的。「我很願意跟你為我
們的下一代一起努力。」

她早就知道曼德拉很喜歡她，雖然他已經是
中年人了，但是他望著她的眼神，是這樣充滿著
熱烈的情感。

他對政治的激烈昂揚，他對愛情的澎湃熱

切，都是這樣吸引著她。

曼德拉愣了一下後，握緊了她的手，辯才無礙的他突然只能傻笑。

她柔軟細嫩的手心，蓄釀著無比的支持力量。

● ☆ ● ☆ ● ☆ ●

曼德拉和溫妮結婚後，他仍然深陷於法庭的審判中。「叛國案」的審判如此冗長，曼德拉每天到法庭接受審訊，就得花上將近五個小時在車程往返上。所幸，曼德拉優秀的辯護團隊，始終積極有力的反駁政府的指控。

曼德拉被指控是個共產黨人及暴力分子，企圖建立共產政府取代現任南非政府。而非洲民族議會所通過的《自由憲章》則是份煽動叛亂的文件。

布拉姆是首席律師，他是曼德拉在「智慧大

學」的白人好朋友。他的父親是奧蘭治河殖民地的首席法官，他本來也有機會成為總理，但是他卻選擇和曼德拉一樣為自由而戰。政府找了一位政治系主任默瑞來當證人，指控從曼德拉住處搜出的文件，都是共產主義性質。

布拉姆盤問：「聽說您是共產主義的研究專家，是嗎？」

「嗯。我研究了一些年。」默瑞點頭，嚴肅的推了推鼻梁上的眼鏡，顯示一副專業的樣子。

布拉姆溫和的笑一笑。「那我讀幾段來自不同出處的話，請您鑑別一下，這些話是不是有共產主義的思想？」

在默瑞點頭之後，布拉姆念了一段話，大意是普通工人需要聯合起來，不要互相利用。默瑞說是共產主義式的。

布拉姆一笑。「這是出自前總理馬蘭博士。」

默瑞尷尬的清了清喉嚨。布拉姆又繼續念了一段文字，默瑞仍然斷言是共產主義式的文字，

布拉姆解釋這是出自於美國總統林肯的話。

布拉姆再念一段文字，著急的默瑞搶著說：「這是徹頭徹尾的共產主義。」

布拉姆停下來，微微的揚起嘴角。「教授，這是您本人二十年前的傑作啊。」

法庭中眾人強忍著嘴角的笑，默瑞尷尬得滿臉通紅。

「我不知道教授您是怎麼判斷的。但是《自由憲章》是份理想高遠的文件。它揭示了南非美好的未來。」布拉姆朗聲說：「《自由憲章》提到『南非屬於生活在這裡的全體人民，無論白人還是黑人⋯⋯只有當我們的人民親如兄弟，享受平等的權利和機會時，我們的國家才能走向繁榮和自由』。」

布拉姆把手比向曼德拉。「我們這位被告，從二十五歲之後，就為這樣的理想奮鬥。也許他的手段非法，但卻是非暴力的。他是一位理想主義者，而非暴力分子。希望庭上能給予公正的判定。」

1961 年，纏訟了五年之久，深受全國注目的叛國案終於做出最終裁決。法官宣布：「所有被告無罪，當庭釋放。」

當場的氣氛是這樣歡樂，所有人歡笑，高唱，流出了眼淚。曼德拉這群被告還把布拉姆等辯護律師抬到肩上。

照相機喀嚓喀嚓的響著，曼德拉被媒體包圍，人群中他終於見到了溫妮。兩人緊緊擁抱，曼德拉低聲的在溫妮耳邊說：「對不起。」

溫妮踮著腳，臉摩娑著曼德拉，眼角的一道眼淚滑下來。

曼德拉沒有說，我們自由了。溫妮了解，自由還未真正來臨。在審判期間，她也是飽受騷擾，所以她了解政府當局仍隨時會來找曼德拉的麻煩。

　　在與曼德拉結婚之後沒多久，她自己也投身於抗爭行動中了。當時南非政府規定婦女一定要隨身攜帶通行證，溫妮為此不合理的規定參加了抗議活動，還因此被監禁了兩週。

　　經過這段日子的歷練，她不只是自由戰士的妻子，更是一名自由戰士。

　　她了解和當局對抗的風險，也深深了解曼德拉的信念和使命。

　　「我懂！」溫妮的眼淚還在流，但是她的聲音卻是平靜的。「我什麼都懂。」

　　這次被釋放之後，曼德拉仍會持續抗爭，而政府必然不會再輕易放過他。所以活動的策劃，必然得轉向地下發展。

　　曼德拉又心疼又眷戀的摟緊溫妮。「謝謝。我真的很對不起妳，始終不能陪在妳和孩子們的身邊。」當時溫妮已生了兩個女兒。

　　眾目睽睽下，他們心照不宣，一場更波瀾壯闊、更危機四伏的抗爭行動，正在曼德拉的心中

醞釀著。而他將為此，在他原該立足的國家裡四處流亡。

● ☆ ● ☆ ● ☆ ●

「暴力！只有暴力可以讓抗爭走出一條新的路。不再只有單單的示威遊行，而是有炸彈，甚至是軍隊作為後盾的抗爭。」

被釋放出來的那天晚上，曼德拉就沒有回家了。之後，他轉向地下工作，不但成功的策劃了罷工運動，還提出了非洲民族議會從未有過的提議，改變五十年的非暴力原則，走向有組織的暴力活動。

「不，這違背我們的宗旨，而且會遭致政府的屠殺。」曼德拉的提議遭受到重重的反對。

「屠殺行動早就開始了。其實我們別無選擇。我想我們都不會忘記兩年前在沙佩維爾鎮的慘案。」曼德拉嚴肅的說：「當時手無寸鐵的抗議群眾包圍警局，卻慘遭警察開槍射擊。一百多個人被打傷，六十九人被殺死。倒下的人都是在逃跑

中背部中彈而死。他們並非因為主張暴力而受到屠殺！」

本來激烈的討論，出現片刻的沉寂與哀傷。

曼德拉繼續說：「多年前在索菲亞鎮的遷移運動中，我們為什麼不能讓年輕人和當局對抗？因為那時我們知道，他們只有衝動，沒有準備，武力的對抗只是徒勞無功的慘烈犧牲。我們有一句老話『空手與豺狼搏鬥，必定會大禍臨頭』。非洲民族議會需要武裝了！政府並不會因為我們的順從，而善待我們。青年團也已經被當成非法的組織，對我們較為友善公正的媒體，全受到政府的刁難。」

「你說的對，但是暴力同樣也會讓我們的朋友遠離我們，讓我們失去正當性，讓對立與衝突更嚴重。」曼德拉的提議持續受到他人的挑戰。

「我知道。」曼德拉點頭。「但是暴力有好幾種方式，破壞活動、游擊戰、恐怖主義和公開的革命，都是不同程度的暴力行動。我們可以採取最小傷害的破壞活動，以避免白人和黑人種族仇殺，以及大規模的內戰。」

曼德拉並不是衝動的提出暴力這個手段的，他繼續解釋：「我們可以選擇性的襲擊軍事設備、電臺、電話線、交通網絡等等，藉此逼迫政府回到談判桌上。」

「白人才有受軍事訓練的機會，我們這裡沒有任何人有這樣的能力去搞你所說的破壞活動。」雖然有一些人被說服，但反對的聲音持續存在。

此話一出，反對的聲音雜七雜八的出現，整個辯論的過程顯得吵雜。

「那就讓我來帶領吧。」曼德拉沉穩而堅定的說著，現場突然鴉雀無

聲。眾人看著曼德拉。

曼德拉抬起胸膛。「就由我來組建一個獨立於非洲民族議會的新軍事組織吧。非洲民族議會持續非暴力的行動，而新組織則加入新的抗爭力量。」

曼德拉的承擔，結束了爭吵不休的會議。沒多久，新的軍事組織──「民族之矛」就由曼德拉一手創立起來。

* ☆ * ☆ * ☆ *

曼德拉吸收了白人共產黨為組織成員，並且開始進行爆破試驗。他們選定在「丁加尼」節那天正式對南非政府宣告「民族之矛」的成立。「丁加尼」是 19 世紀黑人最偉大的首領，白人為慶祝打敗丁加尼，因此特地訂了這個節日。在「丁加尼」節那天早晨，炸彈在幾個重要城市的政府辦公室、電站爆炸了。

政府被激怒，誓言剷除「民族之矛」。

同時，曼德拉也正積極的壯大「民族之矛」。

1961 年年底非洲民族議會受到其他非洲地區國家的邀請，出席隔年 2 月召開的會議。曼德拉奉命出使，藉此機會，向其他非洲國家爭取資金、訓練等援助。

出發前一個晚上，曼德拉和溫妮借住在一個白人朋友家中。天未亮，他們就被急促的敲門聲驚醒。

溫妮去開門，來的是他們的朋友凱西。

「大衛呢？」凱西稱呼曼德拉的化名。曼德拉從事地下工作以來，常用不同的化名和證件躲過警方的追捕。

曼德拉走了出來。他不修邊幅，蓄著大鬍鬚，穿著骯髒的工作褲，打扮成汽車司機的樣子。

自從從事地下工作以來，他總是保持警戒，讓自己處於隨時可以逃亡的狀態。

曼德拉問：「沃爾特呢？」按照本來的計畫，他應該要和沃爾特會面。沃爾特會為他帶來旅行所需要的證件，並且和他再進行最後一次磋商。

「他被抓了。」凱西沒有解釋太多。

政府經常以各種名義逮捕他們，對他們進行短期或長期的拘禁。

溫妮臉色稍微變了，但她沒有說什麼，轉身進到房間，迅速的將曼德拉的行李提出來。

「我把需要的證件帶來了，動作得快啊。」凱西接過曼德拉的行李，讓曼德拉可以和溫妮話別。

在曼德拉的躲藏過程中，他和家人總是只能利用短暫的時光，在安全的地方相聚片刻。

溫妮趁勢抱住了曼德拉，努力裝作若無其事的樣子。「孩子我會好好照顧的。」

溫妮堅強的說：「孩子們有一天會懂，雖然你並不能在他們的身邊，但你總為他們的未來而努力著。」

溫妮放開了曼德拉，對他笑了一笑。

　　曼德拉緊握著溫妮的手，迅速的在她臉頰上輕吻，既感激又敬佩的看著溫妮。她的表現不只是一個勇敢的妻子，更是一名偉大的戰士。

　　凱西默默的先離開屋內，曼德拉再看了妻子一眼才轉身離開。

　　天濛濛亮了，曼德拉走進駕駛座開車。

　　不安的情緒襲來，天越亮，他就暴露在越多的風險之中。

　　凱西把曼德拉的證件整理在行李箱裡，試圖說些輕鬆的話緩解這樣緊繃的氣氛。「奧利佛在非洲其他國家經營了兩年，你這趟去就可以看到這個老朋友了。他很厲害，讓非洲民族議會在各地都設立辦事處，為我們贏得珍貴的友誼。」

　　這的確是振奮人心的消息，凱西的話讓曼德

拉略為放心了些。

曼德拉向機場開去，一路上盡量避開警察設置的路障，當他拐過一個急轉彎時，撞上了一直力圖避開的路障，一個白人警察示意他停車。

凱西和曼德拉面面相覷，曼德拉機警的把汽車司機的帽子戴上，略略壓低帽緣。

白人警察驅使一名黑人警察檢查車子，黑人警察檢查過後，走到窗戶邊說：「把你的通行證拿出來。」

「是。」曼德拉把假證件拿出來。凱西和他都屏氣凝神，心跳加快，黑人警察看得非常仔細，來回的看曼德拉的臉。

曼德拉可以感覺在警察的視線下，他的臉已經熱到要出汗了。

黑人警察回頭對白人警察大喊一聲：「沒問題了。」

曼德拉鬆了一口氣，黑人警察對他笑了笑，突然神祕的豎起大拇指行了個非洲禮節，然後轉

身走開。

曼德拉和凱西對望著，兩人臉上終於露出了笑容。

看來黑人警察雖然認出曼德拉，卻暗中放過他。同胞們這樣的支持，對曼德拉而言是莫大的鼓勵，他感覺自己又更有勇氣面對未知的未來。

不只是黑人，曼德拉也有些白人朋友。這次他所搭乘的飛機就是白人朋友所包租下來的。

曼德拉握著方向盤，抬頭看著藍天。

他相信所熱愛的美麗國家，總有一天會改變的。

那一天黑人與白人將手牽手，在蔚藍的天空下平等的共同生活。

04
不屈的囚犯

　　曼德拉前往其他國家，拜訪各地的領導人，甚至接受了軍事訓練。訓練期間曼德拉接到非洲民族議會發來的緊急電報，說國內的武裝抗爭正在升級，希望曼德拉能回國因應。

　　曼德拉回國之後，和同志們講述非洲之行的情況、接受的援助，以及提供訓練的情況。民族之矛所從事的仍是破壞運動，但是曼德拉已有準備，假如不能逼使政府談判的話，破壞運動可能轉為游擊戰。

　　為此曼德拉特地去拜訪德班地區的軍事專家。在德班的那天晚上，曼德拉會見許多好友，愉快的度過一夜，但是隔天在離開的途中，曼德拉就被警方逮捕。之後情勢急轉直下，在曼德拉

被拘禁的期間，政府當局展開大規模的搜捕，直搗民族之矛總部，搜集各種物證，並起訴沃爾特等人。

此案被稱為「國家對納爾遜・曼德拉及其同盟之指控」，也稱之為「瑞沃尼亞審判」。開庭那天，最高法院到處是武裝警察，法庭利用大批警察隔開支持曼德拉的群眾。旁聽席上支持者高喊著「曼德拉萬歲」以及「解放非洲」。警察把走廊上所有人的名字和地址都登記下來，並且為他們拍照，用以威嚇人群，以減少支持者數量。整個法庭坐滿了國內外的記者，以及外國政府的眾多代表。

政府在負責起訴的檢察官尤塔的桌前擺放麥克風，讓他可以透過南非廣播公司進行現場演說。

個頭不高的尤塔，聲音宏亮，極具鼓動性。當他清嗓門，正準備演講時，曼德拉的辯護律師布拉姆站起來。「庭上。」布拉姆說：「我請求撤去這些麥克風，利用廣播影響人民的思想，將造

成不公平的偏見。與法庭正義和威嚴不合。」

「不!」尤塔扯著嗓子。「人民有知的權利。這一切都是事先安排好的。政府有義務對群眾說明。」起訴曼德拉對他而言是升官的大好機會，他準備許久，要將法庭變成他的舞臺。

身著紅色法衣的法官德·韋特表情嚴肅，一本正經。「我接受辯護律師的請求，請將麥克風撤除。」

尤塔只得悻悻然的看著麥克風被撤走。他振作精神對法庭宣布：「法官大人，我指控曼德拉等人犯有陰謀破壞罪和顛覆罪。被告一行人組織了民族之矛，受命於非洲民族議會和共產黨，以瑞沃尼亞為基地，在全國訓練了上千名游擊隊員。趁這些人製造暴亂之際，外國勢力便會進行武裝入侵。在混亂、騷亂、無秩序的狀態下……」

說到這裡，尤塔激動的舉起手來，鏗鏘有力的宣告：「這些被告將策劃籌建臨時的革命政府，以便接管政權，進而達到控制國家的目的。」

尤塔戲劇性的轉過身，面對著大批媒體，繼續說：「我們掌握了一百九十三名證人，大量文件以及照片。我手上有一份長達六頁的『解放計畫』。當警方突襲民族之矛的總部時，這些人正在研究著這份計畫。」

尤塔的手指向曼德拉。「文件指出這些人將組建一支七千人的隊伍，以接應曼德拉在國外所訓練的大批游擊隊員。」

曼德拉毫無懼色的和尤塔對看。這份計畫是在曼德拉缺席的情況下制定的。但是就他所知，這只是不成熟而未通過的草案。

尤塔轉開目光，話鋒一轉。「為了國家的安定，我們的證人冒著生命危險，為我們說出了恐怖的真相。」

尤塔抑揚頓挫的語氣成功的掌控了全場。「我們的證人是

民族之矛的破壞專家，曾炸過一間市政府的辦公室、一座高架電線塔，以及一段電力線路。」證人被尤塔請了出來。

「姆托洛！」曼德拉吃驚的認出這個證人，他的確是民族之矛的成員。

尤塔說：「請你告訴我們，你是怎麼製作及使用炸彈？而民族之矛的地下工作情形又是如何？」

姆托洛鉅細靡遺的說明，他的說詞清晰，顯見是經過指點的。

尤塔滿意的追問：「你為什麼願意出面當證人？」

姆托洛說：「身為一個黑人，我對非洲民族議會的理想從來沒有失去信心，但是我對這個組織卻失去了信心。我認為非洲民族議會和民族之矛一樣都淪為共產黨的工具了。」

他是如此振振有辭，但雙眼卻不敢看著曼德拉等人。

曼德拉憤怒的看著姆托洛，不懂他為什麼要

背叛其他人，為什麼要把這麼多無辜的人也牽連進來。

第一場的攻防戰，曼德拉等人可以說是一路挨打。布拉姆在證人說完證詞後，說：「法官大人。許多被告已被拘禁多日，相較於國家已經準備了三個月，我們卻是到今天才接到控訴書，這使得被告方無法來得及整理辯詞。因此我請求庭上將被告送回監獄，擇定另一日期審理，給予被告足夠時間可以準備辯詞。」

「可以。」德・韋特點頭。「被告將有三個星期做準備，三個星期後將再次開庭。」

● ☆ ● ● ☆ ● ● ☆ ●

曼德拉獲准和其他人在白天一起準備辯詞。而布拉姆也不時去探望他。

布拉姆憂心的說：「我們當然可以證實游擊戰的計畫沒有獲得通過，陰謀破壞的戰略不會犧牲無辜，但是政府的目的是要置你們於死地，我怕他們不達目的絕不罷休。」

　　「布拉姆，不要為我們擔心。」曼德拉平靜的說。「我們已經做好決定，我將在法庭上宣讀一份聲明，而不打算為自己做任何辯護。」

　　「這不是個好方法吧！」布拉姆接過曼德拉的聲明書，臉色越來越凝重。聲明中，曼德拉並沒有為自己脫罪，而是伸張自己的政治理念。

　　「對我而言，這次審判是我宣傳信仰的機會，我也不會利用法律的細節去推卸我該承擔的責任。」曼德拉望著皺緊眉頭的布拉姆，坦然的說：「我已經做好絞刑的準備。」

「不！」向來冷靜的布拉姆脫口。「都怪我，總是把案情說得太過悲觀了。曼德拉，其實我們還是有一線希望的。這件事情受到國內外的關注，法庭因此承受著極大的壓力。各國的政治人物都表達了關切，世界碼頭工人聯合會更以『不再搬運南非貨物』作為威脅，要求政府給你公正的審判。喔，曼德拉不要這樣就洩氣，你應當再為自己戰鬥。我請你撤去這份聲明吧。它只會使你喪失為自己辯護的機會。」

「我親愛的好朋友。」曼德拉露出了笑容。「這不是我一個人的戰鬥。這是我們一群人的戰爭。我為同胞們的自由而戰，只有當所有人都獲得自由的時候，戰鬥才能結束。如果我們的犧牲，可以在道德上換取更多人的關注，使他們投身這場戰爭，對我們而言就是勝利了。」

　　布拉姆默不作聲，只是搖搖頭。

　　曼德拉誠懇的望著他。「謝謝你這個白人朋友一直支持著我們。」

　　布拉姆打起精神說：「你再讓我研究看看吧。」

　　布拉姆離去後，曼德拉被送回牢房。

　　負責看守他的獄警，帶著幸災樂禍的語氣說：「曼德拉，你不用擔心睡不夠了，你將要永遠、永遠的長眠了。」

　　曼德拉輕輕的看了他一眼。「我們都要長眠的，你也不例外。」

　　獄警臉色一陣青白，曼德拉卻不再看他。

　　他想起了溫妮，心裡湧著溫柔，也感受到她支持的力量。

　　他想起了兩個人的大女兒。大女兒的名字叫做「澤娜妮」，意思是「你給世間帶來什麼？」這個問題，曼德拉在坦然中找到答案。

再次開庭的日子，曼德拉在嚴密的戒護下來到法庭。曼德拉走進法庭的時候看到母親和溫妮，他向她們點頭示意。不捨的目光，總不時的向她們望去。

布拉姆宣布：「被告已經承認了國家部分證詞。」

座無虛席的法庭上一陣騷動，布拉姆維持一貫平靜的語調說：「但辯護方將否認國家提出的大部分罪證。首先，民族之矛和非洲民族議會是獨立的兩個組織，並且都與共產黨無關。兩組織都沒有採納『解放計畫』，也沒有從事游擊戰鬥。」

「這些都否認嗎？」德·韋特法官顯然對這樣的說詞感到不悅。

「是可以否認的，而且有證據證明。」布拉姆繼續說：「法官大人，辯護方將首先由第一被告在法庭上宣讀聲明。此人是民族之矛的創建者曼德拉，他能說明許多情況。」

　　聽到這裡，尤塔大驚失色的從凳子上跳了起來。這樣一來，他就不能盤問曼德拉了，為此他可是費盡心血。「法官大人，在法庭上發表聲明就像發誓一樣，是沒有作用的。」他試圖阻止這樣的情形。

　　德・韋特法官說：「辯護方會自行判斷，你不用煩惱。」

　　尤塔只能沮喪的坐下，在獲得傳喚後，曼德拉起身，朗讀著稿子。「我是第一被告，我毫不掩飾的承認我是民族之矛的創建者之一。首先我想說，我的抗爭並非在共產黨的操縱下進行的。我之所以投身戰鬥是因為在白人至上的統治政策下，我的同胞只能處於卑下的地位，一代又一代過著貧窮的生活。」

　　「根據法律，我是一名犯人。我之所以會違反法律是因為我的良知。我們的政府醉心於利用不公不義的法律來為他人定罪。我因此被迫四處流亡，與我的家人生離死別。」曼德拉的視線離

開講稿，停在溫妮消瘦許多的臉頰上。

　　曼德拉頓了一下後，再度說：「關於這些指控，大部分是虛假的。我們一直企圖避開暴力活動。經驗告訴我們，一旦反抗，政府將會有充足的理由去屠殺我們的人民。但是準確的說，目前南非的大地上已經到處浸透著無辜非洲人的鮮血。」他的語氣並不煽情，但是現場卻因為這樣鴉雀無聲。

　　曼德拉莊重的說：「因此我們認為使用武力進行持久的破壞活動以反抗暴政是應盡的義務……」曼德拉又說了一些話，企圖讓法官了解他並非不加思考從事暴力的人。他們在暴力活動中始終不傷害無辜。非洲民族議會和民族之矛的人雖然有重疊，但是兩組織盡力設法保持距離。

　　「無須多言，共產黨和非洲民族議會有過密切的合作，但合作不能證明有共同的目標。回顧歷史，最能給人深刻印象的是在二次世界大戰中，英美蘇三國為了共同對付德國而合作。但是

沒有人會認為這種合作會讓英美變成像蘇聯一樣的共產國家。」曼德拉的說詞非常強而有力的反駁政府的指控，尤塔的臉色因而極為難看。

「共產黨是南非唯一把非洲人當成正常人看待的政治團體，他們與我們平等相處。我們所爭取的無非就是平等。我們為我們的境遇及痛苦生活而抗爭，這是一場爭取生存權的抗爭。」

說到這裡，曼德拉把稿子放在辯護席上。然後面向法官，雙眼盯著他。「我已經將我的生命投注於南非人民的抗爭之中。我反抗白人統治，也反對黑人專制。我崇尚民主、自由社會的理想。我希望能生活在人人和睦相處，個個機會平等的社會中，並希望能實現這一理想。如果有必要的話，我將為此獻身。」

不用再看稿了。這是他二十年來的信念，是願意以生命來實踐的誓言，不用再看稿了。

異常的寂靜後，人群發出驚嘆聲，有人呼喊著：「曼德拉！」

法庭宣布休庭以削弱曼德拉發言的影響力。

曼德拉的講稿在國內外廣為流傳。歷經了將近兩個月的訴訟，全世界都在關注這一審判結果。聯合國安理會更敦促南非政府結束審判，赦免被告。

德・韋特法官宣布：「所有被告判處終身監禁。」

　　● ☆ ● ☆ ● ☆ ●

在大批警力的戒護下，曼德拉等人被祕密押送到羅本島。羅本島是遠在大海中的一座小島，那裡海風強大、水流湍急，曾是罪犯的流放地、精神病院及海軍基地，後來成為戒備森嚴的監獄。下飛機的時候，凜冽的寒風抽打著曼德拉單薄的囚衣。

一群白人獄警等著他們，在呼嘯的風中，高喊：「這是一個島，來者必死亡。」他們被迫在全身赤裸的情形下，進行第一次的檢查。牢房內牆壁潮溼，寒氣逼人，薄毯子無法禦寒，他們被凍

到只能包著毯子發抖。

隔天他們被帶到採石場，負責用推車搬運石頭，並將石頭敲成碎渣，低溫中，每個人都冷到骨子裡，瘦小的凱西更因為推不動手推車而差點跌倒。

獄警中最凶狠的叫做范・倫斯堡，他大聲的訕笑。曼德拉走到凱西的身邊，教他推車的技巧，范・倫斯堡喝斥：「不准交談。」

曼德拉並不理會他，這顯然激怒了范・倫斯堡。「曼德拉你等著關禁閉吧！」

曼德拉就這樣被關禁閉——一個人被孤獨的隔絕，三天之內只能用米湯充飢。

兩個星期後，曼德拉的律師布拉姆來到島上探監，曼德拉被帶到探監處，屋子裡只有兩人。屋子外

面一個叫做桂格里的獄警在監視著。

年輕的桂格里會科薩語，所以被指派審查曼德拉與他人往來的情形，包括書信以及會面。他始終張大雙眼，注意曼德拉的所有舉動。

布拉姆開門見山的說：「曼德拉，外界都很關注你們在獄中的情形。我想確認你在這裡是否都好？是否決定上訴？」

曼德拉靜靜的看著老友，與世隔絕的兩個星期竟像是兩年一樣。

他沉穩的搖了搖頭。「我放棄上訴。我已經聲明，為了爭取自由，我願意犧牲生命。如果我連坐牢的日子都挨不下去，那我們如何鼓動別人義無反顧的支持我們的事業呢？」

曼德拉鼓起精神說：「這是個很糟糕的地方，充滿種族歧視。有色人種和黑人是囚犯，白人是獄警。因為膚色的關係，囚犯晚餐不能吃上一點點的麵包，囚服只能是短褲，不能是長褲。短褲對我們黑人而言是侮辱，意味把我們看成長不大

的人。我不斷爭取我要長褲，他們給我了，但是⋯⋯」

曼德拉刻意以輕鬆揚起的語氣，吸引布拉姆的注意：「但是我沒接受。因為他們是給我一個人，而不是所有的人。喔，我的老朋友，你聽出來了嗎？這就是抗爭。抗爭是要求全體的平等，而不是對個別的施捨和安撫。因為這裡充滿不公，因為這裡剝奪尊嚴，所以我在這裡找到了意義，不要被打倒的意義。」

監獄是高度消磨人意志的地方，所以他更要奮起而樂觀。

布拉姆看著曼德拉，愧疚而哀傷的說：「你們都在這裡受苦，我實在也該跟你們在一起。」

曼德拉看著消瘦的布拉姆，溫暖的對他笑了笑。「不要這麼說。我再也沒看過比你更了不起的律師了。你的長才是在法律，你在法庭上的抗爭，絕對比在監獄的抗爭更有意義。更何況莫莉這時候更需要你的陪伴。」

　　莫莉是布拉姆的妻子，不久前布拉姆的兒子才因為罹患糖尿病而去世。

　　一聽到莫莉的名字，布拉姆立即起身，快步的走出屋子，直到數分鐘之後才若無其事的回來，隨意的再和曼德拉說上幾句。

　　談話結束後，曼德拉和桂格里一起走回囚室時，桂格里突然對他說：「曼德拉，布拉姆剛剛奇怪的舉止應該讓你覺得很吃驚吧？」

　　「嗯。」曼德拉坦承的點頭。他也有些訝異，桂格里竟然會跟他說話。

　　「上週布拉姆開車時，為了躲開路上的動物而轉彎，卻不慎掉進河裡，莫莉因此溺水而死。」桂格里解釋。

　　曼德拉驚訝的說不出話，他忍住悲痛說：「這真是太讓人難過的事情。我再沒見過比布拉姆更值得尊敬的人。」布拉姆總是無私的對待黑人，

為此站在自己白人同胞敵對的那方。

「他是個偉大而孤獨的人。」曼德拉聲音微微的抖動。

桂格里忍不住脫口問：「你們口口聲聲說要『把白人丟到大海裡』。為什麼布拉姆會跟你成為這麼好的朋友？」他說服自己曼德拉是個危險人物，和曼德拉交談都是為了完成指派的任務。桂格里因此藉機觀察曼德拉，甚至去了解曼德拉。

「我們從來都不是這麼主張。」曼德拉誠懇的說明。「有些黑人團體的確是這麼主張：非洲是黑人的，不是白人的。但是我們主張非洲是所有在這塊土地上生活的人的。如果你讀過我們的《自由憲章》就不會這麼以為了。」《自由憲章》是違禁的刊物。

「這太複雜了。」桂格里咕噥著，眼睛不時四處張望，以確定沒有其他人在聽他們對話。

曼德拉看得出來桂格里對他們沒有那麼深的敵意，他壓低聲音、以請求的口吻說：「我想給布

拉姆寫一封弔唁信。」

桂格里喃喃的說：「這不符合規定。你只能每半年寫一次信給直系親屬。」

曼德拉還想要說些什麼說服桂格里，桂格里突然低聲的說：「好吧，就只能這麼一次。你不能再給我找其他的麻煩了。」

曼德拉既驚訝又感動的說：「真是太謝謝你了。」

桂格里突然大聲的對他說：「曼德拉，你還不快走，拖拖拉拉的。」他押著曼德拉往前，曼德拉也順從的配合。

曼德拉到島上三個月之後，終於獲准和溫妮見面。在四處都有人監視的探視區，他和溫妮隔著又厚又髒的玻璃對看，玻璃上面鑽了好幾個小孔，以便通話。

溫妮雖然經過細心打扮，但仍可看得出來憔悴不少。「你在這裡好嗎？我聽說這裡的獄警會打人。」溫妮忍著眼淚，勉強擠出一絲笑容。

曼德拉笑著說：「你看我的身體好好的啊，我沒事的。」

像范‧倫斯堡這樣的獄警的確會在司令官的默許下毆打犯人。他還會在他們吃飯的飯桶旁小便，對他們大呼小叫，威脅他們，要讓他們永遠當個最低等的犯人，接受最多的限制。

當然，他們也經常因為任何一點小事就被關禁閉。

「他們動不了我的。有時候，仍會有關心我的人來探視我，所以他們不敢為所欲為。」曼德拉急切的問：「妳好嗎？我收到妳的信了。但是信被檢查過後，被摳得破破爛爛，我除了問候語，

實在也看不到幾句話。」

被隔絕的焦慮和對親人的擔憂，對曼德拉來說，才是監獄中最大最難以忍受的折磨。

曼德拉隔著玻璃摸著溫妮，想像他們當中並沒有任何的隔閡。

一向堅強的溫妮，也忍不住掉下眼淚，她的手掌也貼在玻璃上。「他們限制我不能坐火車或汽車，我只能坐飛機。這花費太大了。他們總是來騷擾我，我因此丟了工作，我在家換衣服的時候，竟然還有人闖進來，孩子們被嚇壞了。」

溫妮不是一個愛抱怨的人，但是她有太多的苦要傾訴。「我只能靠兄弟姐妹們幫我，但政府也不斷的找他們麻煩。」

一旁負責監控的桂格里在此時打斷他們。「請停止政治話題。」

「這是家事！」溫妮大聲的抗議。

桂格里有點嚇到，只能說：「批判政府就可以被視為政治話題。」

「如果你是我，那你就會發現，這樣就無話可說了。我生活的一切，都是被政治控制和迫害的。」溫妮憤怒的指責桂格里。

桂格里再度愣了愣，經由檢查曼德拉的書信，他的確慢慢的感受到他們所承受的一切。雖然他逐漸同情他們，但礙於職責所在，他只能面無表情的說：「你們只有半小時的會談，請把握時間在允許的範圍內說話。」

溫妮只得強抑憤怒，以代號的方式透露一點監獄外非洲民族議會運作的情形給曼德拉。

時間過得很快，半小時過去了。他們的對話被硬生生的打斷，曼德拉只能眼睜睜的看著溫妮離開。

他本以為半年後便能再見到溫妮，但事實上是兩年後。

有一天，曼德拉和沃爾特在走道上看到一份報紙，兩個人眼睛一亮，彼此對望著。在獄中他們是不准看報紙的。報紙必然是被某個獄警丟在這裡的。

「要拿嗎？」兩個人這麼說的同時，機警的朝著四周探看著，快步的趨近報紙。對與世隔絕的人而言，能獲得外界的訊息比什麼都可貴。

曼德拉瞄了下報紙，封面是溫妮的照片。

他心跳加快，立刻把報紙塞在衣服裡。

沃爾特扣住他的手，擔心的問：「這會不會又是他們要找你麻煩的伎倆？」

「這我也顧不得了。」曼德拉急切的說。看到沃爾特憂心的臉，他靈光一現，說：「也許是桂格里放的。上次他在這裡放了一個三明治給我。」

桂格里私下對他很友善，但為了避免受到同儕的壓力，他仍然常常對曼德拉大呼小叫。

「你對這些獄警還是不能太過相信。」沃爾特總是保持戒心。

　　曼德拉把沃爾特拉到一旁，說：「這是有關溫妮的消息啊。」

　　沃爾特嘆了一口氣。「好吧，那你藏好。」

　　曼德拉露出了笑容，表示承諾。但是一回到牢房，他就迫不及待的打開了報紙。從報紙上他得知警察根據《反恐怖法》，在未加指控的情況下將溫妮拘留。這是全國性的鎮壓，她的姐姐也遭受逮捕。

　　曼德拉正憂心忡忡的看著，突然間牢房被粗暴的打開，他來不及反應就被抓到。「曼德拉，」典獄長說，「我們指控你藏有違禁品，你將因此受到懲罰。」

　　在典獄長的命令下，范‧倫斯堡和另一個獄警徹底翻搜曼德拉的牢房，企圖再找到其他東西。

　　兩天後，召開聽證會，並將所有的獄警都集合起來，要曼德拉指認。

　　「報紙到底是怎麼來的？是哪一個獄警給你的？」法官盤問。

　　曼德拉緊閉著嘴，什麼都不說，眼睛也不曾瞄看任何人。

　　桂格里僵硬的站著。他曾答應曼德拉要傳信給布拉姆，可是後來他卻反悔了。信最後是被他燒了，出於愧疚，他對曼德拉顯得友善，甚至還會額外給他一點食物。但這份報紙並非他所放的，他怕曼德拉誤會，因而指證是他。

　　法官憤怒的說：「曼德拉，請你配合。」

　　「請直接判刑，我無話可說。」曼德拉仍然拒絕說出可能不利桂格里的話。

　　法官宣布：「禁閉三天，並減少食物。」

　　宣判結束後，所有人步出監獄總部。范‧倫斯堡把桂格里偷偷拉到旁邊，湊到他耳邊說道：「常偷給曼德拉三明治的傢伙真是走運啊。」

　　桂格里冒出一身冷汗，斜瞄了他一眼。「你說什麼？」

　　范‧倫斯堡邪惡的笑著。「我上次看到有人在走道上丟三明治留給曼德拉，可惜我沒看到是誰。所以這次我故意丟報紙給曼德拉，順便看看他會不會說出上次是誰給他食物的。可惜他什麼都沒說。」

　　桂格里強作鎮定的說：「你真聰明。」

　　范‧倫斯堡得意的笑出聲。

　　曼德拉被監禁了數年後，有一天被叫去典獄長辦公室取一份電報，電報中說曼德拉的母親已經因為心臟病而去世。

　　曼德拉馬上求見島上的司令官。「請允許我回家去參加喪禮。我是我母親唯一的兒子，我有責任為她送終。」

　　司令官搖搖頭。「曼德拉你跟其他人是不一樣的。」

　　曼德拉哀傷的說：「我和其他人的確不一樣。別人孝敬奉養，我卻讓我母親困頓貧窮，別人噓寒問暖，我卻讓我母親擔心受怕。我不是個孝子，入獄後，我們更只見過一次面。先生，您可以不同情我，但是請您同情我的母親。這一位母親，

她並不了解她的兒子為什麼參加抗爭，但她永遠支持著她的兒子，即使這為她帶來很多的麻煩。她如此顛沛困頓，難道連死都不得安息嗎？我們聚少離多，難道到她死都不能多見上一面嗎？」曼德拉對母親滿懷愧疚，子欲養而親不待，那種痛是撕心裂肺。

司令官默不作聲，曼德拉的哀傷讓人動容。他的鬢角斑白，好像一夕之間蒼老許多。

曼德拉莊重嚴肅的說：「你們可以派人跟在我身邊，我也以我的人格和名譽保證，我絕對不會逃亡。」他縱然一無所有，也還有那麼一點叫人看重的聲名。

曼德拉說完之後，四周陷入一種連心跳聲都聽得到的靜寂。

好一會兒，司令官才再度看著曼德拉。「曼德拉，即使我們的政治理念不同，但是我願意相信你。」

曼德拉燃起了希望，司令官卻繼續說：「但是

我無法相信你手下的那些人。我們擔心他們會綁架你。喪禮已經不是你一個人的私事，我也沒有能力答應你。因為這也不是我跟你的事情，而是這個國家和你的支持者之間的事情了。我無法承擔任何的風險。」

司令官斬釘截鐵的話語，斷絕曼德拉最後的希望。冰冷的鐵窗也隔絕了人世間的溫情。

曼德拉深深吸了一口氣，不讓情緒在人前崩潰。

他轉身，沉重的走出司令室。

數個月之後，曼德拉又被叫去取一封電報。電報是二兒子所發出來的，只有一句話。「哥哥坦比在車禍中喪生。」

看到那句話，曼德拉的視線立刻模糊。他低下頭，眨了眨眼睛，忍著眼淚，直到好一會兒，他才強抑住悲痛的問：「這次我一樣不能去看他，是吧。」

「非常抱歉！司令官請你節哀順變。」典獄

長簡短的說。

　　曼德拉不發一語，轉身快步離開。典獄長示意桂格里跟上他。

　　桂格里護送曼德拉回到牢房。

　　這一天風大，吹動了曼德拉單薄的囚衣。天寒，冷到了人的骨子裡。

　　桂格里低聲說：「曼德拉先生，我也感到很遺憾。」

　　曼德拉停下腳步，看著桂格里，桂格里神情凝重而哀淒。

　　曼德拉忍不住輕聲說：「他才二十五歲，還有兩個孩子。」說完後，他也沒再跟桂格里交談，只是一路往前走。

　　回到牢房後，曼德拉呆呆的躺在床上。

　　晚上，桂格里去看曼德拉，飯菜原封不動的放著。桂格里原想出聲叫曼德拉，後來卻打消念頭。沒多久，桂格里領沃爾特進入曼德拉的牢房，然後安靜的離開。

「曼德拉。」沃爾特走過來，跪在曼德拉的床前。

曼德拉把電報交給沃爾特，眼淚直流。

「我沒有辦法停止想他。」曼德拉哽咽的說，思緒回到坦比小時候。

有一天，坦比到他從事地下抗爭的祕密基地來看他。那時他驚奇的發現坦比穿著他的舊上衣，衣服長到膝下。小坦比的表情是那麼的自豪與得意。那天告別的時候，坦比踮起腳尖，認真的說：「你不在家時，我會好好照顧家裡。」

回想起這一段往事，曼德拉的心又更痛了。他的心被狠狠的刺穿了一個洞，一個永遠無法彌補的洞。

沃爾特緊緊的握住曼德拉的手，低聲的說：「我也是。」

有很長的一段時間，沃爾特幫曼德拉照顧坦比。坦比就像是他另外一個兒子。

監獄的牆壁透著凍人的溼寒，兩個人不發一

語，只是緊握住對方的手，讓時間慢慢的經過。

● ○ ✦ ○ ✦ ○ ● ○ ✦ ○ ●

在曼德拉被監禁在羅本島的十八年之中，南非的種族運動重新燃起。1976 年，一萬五千名青年抗議教育體制，警察開槍鎮壓，打死了一名十三歲的學生。騷動持續擴大，鎮壓只是激起更多抵抗。

1979 年曼德拉獲得印度人權獎，非洲民族議會的奧利佛代替曼德拉受獎。

1980 年代非洲民族議會發動「釋放曼德拉」運動，倫敦大學的學生更提名曼德拉為「名譽大學校長」候選人。

時局逼迫政府當局必須要有更多因應之道。

這一天內政部長辦公室聚集了監獄總長、羅本島司令官以及桂格里。當桂格里正要報告時，內政部長卻示意羅本島司令官先在門外等候。

內政部長揮手要桂格里坐下，並抱怨：「你應該明白，我為什麼要司令官離開吧。唉，他們根

本管不住羅本島。曼德拉簡直成了地下司令。羅本島的秩序越來越鬆散了。」

　　監獄總長的臉不自覺的紅了，他爭辯說：「曼德拉的情形有些不同。他一直不斷的挑戰監獄的體制，外界又始終關心他在監獄裡的狀況。致使他透過對外發聲，逐漸改變一些狀況。像之前我們曾派了一名嚴格的司令官，企圖扭轉曼德拉造成的改變。但是後來有三名法官來探視曼德拉，這名司令官反而被調走了。這些司令官每兩、三年就調動一次，曼德拉卻是不斷的在監獄擴大影響力啊。」

　　桂格里沉默的點頭。事實上，
連范・倫斯堡這樣的獄警最後
也因為曼德拉的抗議而被調
離羅本島。

　　「這些我都知道。」內政
部長揮了揮手，不讓監獄總長說下去。
他轉向桂格里。「你在他身邊這麼多年，我要你告
訴我，曼德拉到底是怎麼成了地下司令官？」他
們被迫要更了解曼德拉才行。

　　桂格里持平的說：「曼德拉的確具有改變的
力量。」

　　改變並不是一朝一夕，但真的發生了。

　　羅本島的管制變得寬鬆。監獄的生活條件變
好，種族的差距縮減，受刑人勞動的時候可以自
由交談。監獄會廣播新聞，受刑人也可以購買報
刊，監獄甚至會播放電影給受刑人觀看。

　　桂格里又說：「說曼德拉是地下司令，雖然稍
嫌誇大。但沒有曼德拉的合作，的確很多事情都

難以推動。曼德拉的知名度，使他得以為其他人發聲。曼德拉的律師經驗，使他得以幫助其他受刑人。就連和他關在一起的黑幫分子，最後都被他改變。有些被關進來的年輕黑人政治犯，最初並不喜歡曼德拉，覺得他太過保守。但是到最後，他們也敬重曼德拉。」

桂格里下了一個結論。「就我的觀察，曼德拉有很強的領導力和協調性。他雖然常常提出要求，卻願意和人協調，和我們的官員共同維護羅本島的『秩序』。和他打交道，反而比和激進的年輕黑人打交道容易。」

內政部長有些不悅的說：「看樣子你也被曼德拉改變了。」

是的。桂格里在心裡這麼說，但他嘴巴上只是回答：「忠實的把我所看到的狀況跟您報告，是我的責任。」

「我想聽些更有用的訊息。」內政部長以諷刺的語氣說：「我們的偉大領袖人物曼德拉先生

是不是有什麼弱點呢？」

　　他需要的是對付他，而不是歌頌他！他們對曼德拉簡直快無計可施了。即使被關，他在監獄內外都還能持續發揮影響力。

　　桂格里頓了一頓。「有一次他因為妻子無法來探監而和當時的司令官爆發衝突。這是他極少數的失控。」

　　「嗯。家人到底是人們最關心的。」內政部長想了一下，突然問了句：「你對曼德拉很熟悉，你說曼德拉這種人是不是越關他，他的鬥志越昂揚。」

　　桂格里毫不遲疑的點頭。「抗爭是他的使命，也是他的生命。儘管他已經六十幾歲了，但每天仍然會規律的訓練自己的體能，彷彿要讓自己可以隨時迎戰。」

　　內政部長又思索了一會兒才說：「嗯，你先在外面等著。我如果還有什麼問題再請你進來。」

　　「是。」桂格里站了起來，雙手恭敬的貼在

大腿兩側。「有件事情，我想向部長直接報告。請部長允許我的調職。我已經向獄方申請過多次，但都無法獲准。我懇請能獲得您本人的答應。」

　　越是監控曼德拉的書信，他越是了解曼德拉的處境和為人，這使得他的良心深感不安。他不想成為政府對付曼德拉的工具。而且他不自覺的露出對曼德拉友善的態度，也已經使他在羅本島遭受到其他白人的排擠，他想離開羅本島。

　　內政部長皺緊眉頭。「你要升官，我可以幫你。你要調職我無法答應。有關曼德拉的事情不是你自己想怎樣就可以怎樣的。」

　　他揮手，斥退桂格里，桂格里只能黯然的離去。「是。」

　　桂格里一走，司令官就進來。進門的時候，

他仔細的把門關好。

內政部長劈頭就說：「你上次安排的計畫完全失敗了。你現在可還有什麼新的想法？」

之前在司令官的建議下，他們安排過一位獄警，提供曼德拉越獄計畫，企圖讓曼德拉離開羅本島。同時在外面安排槍戰，打算趁機在混亂中射殺曼德拉。只是機警的曼德拉並未上當。

司令官啞口無言，尷尬的不知說什麼好。

內政部長瞪了他一眼。「有件事情，你誠實的跟我說，跟曼德拉打交道是不是比跟那些年輕黑人打交道容易。」

種族運動因為年輕黑人的投入，而使得政府當局更為焦頭爛額。

司令官愣了一下，內政部長提高音量。「我要你誠實說，這關係重大。」

司令官點頭。「某種程度上是的。年輕人太過激進，派系也

多。曼德拉有他的務實、穩定和號召力。年輕人只懂得抗爭，而曼德拉既抗爭也合作。」

內政部長陷入沉思，他看著另外兩人說：「現在國內外情勢都不穩定。上面有指示，曼德拉還不能釋放，但也不能只是關著就好，往後要開始慢慢和他接觸。羅本島已經不是最適合曼德拉的地方了。讓曼德拉到一個舒服的地方去，到一個他不能發揮影響力的地方去，可能是目前比較好的作法。我們要軟化這個人，給他多一些的好處，多一些的自由。」

監獄總長說：「普爾斯莫爾是個好去處，在市郊處但是戒備森嚴，我們要做什麼事情都算方便。」

司令官建議：「曼德拉和沃爾特等三個人感情最好。我建議他們可以分開監禁。要見面，就要提出申請。不要把他們拆散，因為這樣會讓曼德拉過於焦慮。也不要讓他們太親近，這樣才方便各個擊破。」

內政部長面露喜色。「這是個好方法。往後我們和曼德拉恐怕也是得既敵對又合作啊。」

● ☆ ● ☆ ● ☆ ●

在普爾斯莫爾雖然仍受監禁，但是曼德拉等人擁有寬敞房間，整潔的衛浴設備，甚至還有一個露天陽臺讓曼德拉可以種些菜。

1984 年，曼德拉獲准和家人見面。這次會面對象有溫妮、大女兒澤娜妮以及澤娜妮剛出生的女兒。

這一次桂格里沒有把曼德拉帶到通常的探視地點，而是帶他到一間單獨的房間。曼德拉詫異的看著桂格里。這間房間並沒有設任何隔離物。

桂格里帶著笑容說：「曼德拉先生，當局的態度改變了。」

曼德拉仍然帶著不解的表情看著桂格里。「我親愛的朋友。你應當知道我的妻子還被流放在布蘭德堡。在那裡她遠離親戚朋友，生活條件惡劣。她如果要買東西就要到鎮上，而鎮上的人

政治觀念保守，歧視黑人。警察也不時騷擾我的妻子和小女兒。除非政府解除流放的禁令，否則我實在看不出來他們的態度有什麼改變？」

　　桂格里皺起眉頭。「曼德拉先生，今天是開心的日子，就不要提這些不開心的事情了。你在這裡等。」

　　桂格里把曼德拉壓著坐下。曼德拉在桂格里離開後，不安的整理頭髮衣服。他陷入胡思亂想，不敢確定他可以在這間房間看到家人。

　　房間門再度打開，桂格里把曼德拉的家人領進來。

　　曼德拉驚訝的站起來，不敢相信自己的眼睛。這是二十一年來第一次，他和溫妮不用隔著玻璃見面。

　　他曾在腦中幻想過這一天，但是真實發生時，他卻直愣愣的無法動彈。

　　「曼德拉。」溫妮不顧一切的衝上去抱住他。

　　桂格里默默的退出，澤娜妮淚流不止的抱著

小女兒。

曼德拉抱緊妻子瘦弱的身軀，聞著她的髮香，握著她已經粗糙的手。二十一年了，兩顆心才能再度緊貼著跳動。

剛出生沒多久的小嬰兒嗚嗚的哭了起來。

曼德拉這才捨不得的放開溫妮，他一手仍然握著溫妮，一手把澤娜妮擁入懷中。「妳長大了！」

曼德拉紅著眼眶。他離開澤娜妮的時候，她還好小。血肉至親，他卻永遠只能從照片思念她。現在她婷婷玉立，真實的出現在他的面前了。

曼德拉激動到難以言語，感慨萬千。

當年溫妮為了讓澤娜妮能受到更好的教育，而將她送到史瓦濟蘭念書。澤娜妮在學校結識史瓦濟蘭的王子，相戀結婚。

澤娜妮把懷中的小女嬰交給曼德拉。「你要為她取什麼名字？」

曼德拉抱著小嬰兒，因為過於慎重，而顯得

有些慌張。「喔，小寶貝。」他不知道如何用粗糙的大手安穩的抱好嬌嫩的小嬰兒。

在曼德拉的手上，小嬰兒竟然奇異的安靜了。她圓滾滾的大眼睛望著曼德拉，嘴角淺淺的露出天真的笑。

所有人世的顛沛流離、悲歡離合，還有說不出的酸苦都被那樣的笑容融化了。

曼德拉笑著說：「扎基韋」，這個名字的意思是「希望」。

雖然被監禁多年，但希望始終存在於曼德拉的心中。曼德拉相信，他手中的小嬰兒屬於南非的下一代。對這一代而言，種族隔離將只是遙遠的記憶。這是曼德拉的夢想。

❀ ✿ ❀ ✿ ❀ ✿ ❀

1980 年代，南非政府面對更複雜的局勢。種族問題所衍生的暴力衝突升高，雙方傷亡加劇。部分國家開始討論是否要對南非進行制裁，以加速種族隔離制度的廢除。曼德拉被移居到偏遠的

模範監獄，那裡綠草如茵，他享有一棟大房子，專屬的廚師，悠閒的生活。只是有一堵高厚的大牆，將自由的藍天隔絕。

政府宣布如果曼德拉願意「無條件的拒絕以暴力作為政治手段」，便會釋放他，並且安排他與國外代表團會面。

這個代表團由來自七個國家的成員所組成，他們希望能和曼德拉會面，然後再來討論是否要對南非進行制裁。會談當日，曼德拉穿上量身訂做的西裝。

年近七十歲的他，穿起西裝，筆直體面，雙目透露著歷經世事的睿智沉穩。一開始，曼德拉便先表明立場：「我贊成政府和非洲民族議會進行談判，透過溝通解決一些問題。但這僅僅是我

個人的意見，我並非該組織的領導人。該組織領袖是奧利佛，你們必須去見他。」

代表團的成員環視著曼德拉的「住所」，說道：「貴國總統曾經說過：『現在曼德拉自由之路上的障礙不是南非政府，而是他自己。』看來南非政府對您是相當友善的，您為什麼不接受政府的條件，放棄暴力，追求雙方的和平？」

曼德拉攤開已經長繭的雙手。「這是我被關在羅本島裡多年勞動的結果。政府已經不是第一次提出要釋放我的『善意』，但是每次的『善意』都是有條件的。政府宣稱，我們始終不願意放棄暴力。但真相是，不放棄暴力的並不是我們，而是政府。因為我們遭遇的是這樣無情的對待和屠殺，所以我們只能以暴力來抵抗。暴力絕對不是解決南非問題的最終辦法，所以我個人期待和談。但單單釋放我本人既不能在這個國家消除暴力，也無助於談判的進行。」

一個代表團成員好奇的問：「難道您不渴望

自由嗎？」

「自由！」曼德拉停頓一下，由衷說：「我渴望自由，我和我的朋友們一生都是在追求自由！」

他壓抑心中的難過，說：「讓我介紹一個朋友。布拉姆律師，他是奧蘭治河殖民地前總理的孫子。在我們被審判的時候，他總是為我們奔波，支持我們的抗爭。在我們入獄之後，他深感不安，所以他放棄舒適的生活，投身祕密抗爭。他於 1965 年被捕，並被以陰謀從事破壞活動的罪名判處終生監禁。新聞界呼籲基於人道原則，應該把他釋放出來。政府被迫答應了。獲釋後，他住在哥哥家裡，僅幾週就過世了。他為了其他人的自由與自己的人民作戰，直到戰死。這個國家卻在他死後沒收他的骨灰。」

這件事情一直讓曼德拉非常心痛。

曼德拉沉重的說：「如果我為了獲得釋放，放棄了我和我的朋友們一直以來的理想，那我將如何面對他們和我自己的良知？這麼多人為追求自由而犧牲，我欠了他們的債！在我們的組織還受到禁止的時候，我能得到什麼自由？在我的妻子還被流放的時候，我能得到什麼自由？在我們居住受限的情形下，我能得到什麼自由？在我們沒有公民權的時候，我又有什麼自由可言？我的自由和人民的自由密不可分。我要的，不是個人被釋放，而是這個國家走向自由。」

代表團被撼動無語，好一會兒，才有人打破沉默，舉起酒杯。「敬曼德拉，敬自由，敬為自由犧牲的人們。」

● ✿ ● ✿ ● ✿ ●

那次會面之後，國際壓力日益加大，越來越多公司撤離南非，美國國會也通過一項徹底的制裁法案。南非各地的政治犯成功的實行絕食運動，九百多名被捕者獲釋。各種團體持續以各種

方式挑戰種族隔離政策。1989 年就職的戴克拉克
總統表示新政府將致力和平，並與其他任何願意
為和平而努力的組織進行談判。年底戴克拉克和
曼德拉會面，戴克拉克並在會後取消非洲民族議
會等三十一個組織的禁令，釋放因非暴力行為而
被監禁的政治犯，並宣布「談判的時候到來了！」

　　1990 年 2 月 11 日，在被監禁二十七年之後，
曼德拉終於獲得釋放。

　　　　　　曼德拉步出監牢，門
口被數百名的記者和幾千
名的人群包圍，喧鬧吵雜
的歡呼聲中照相機喀嚓喀
嚓作響。

　　　　　　曼德拉遠離人群多
年，突然看到這樣的陣仗，他既感興奮，也有些
微的恐慌。

　　記者揚高聲音喊著要提問題，電視工作者開
始往裡邊擠。

當曼德拉向人群舉起右拳致敬，人群發出狂烈的呼喊。「曼德拉。」曼德拉心緒澎湃，讓他更為激昂的是，人群中出現少數的白人。

一家電視臺的工作人員把麥克風遞給曼德拉的時候，曼德拉往後退了一下，他以為那是他被關的時候發明的新式武器。

溫妮輕聲的跟他說：「那是麥克風。」

一旁的桂格里莞爾。他也要結束二十七年的工作了。這個工作曾讓他自豪，也曾讓他痛苦。而現在一切都結束了，讓他不捨又感到欣慰。他終於能見到這歷史性的一刻。

曼德拉在麥克風前發表出獄感言。

「朋友們，同志們和南非同胞們。我以所有人的和平、民主和自由的名義問候大家。我不是作為一個先知，而是作為你們——人民——的謙卑的奴僕站在這兒的。你們不知疲倦的奮鬥和英勇的犧牲，才使我今天有可能站在這兒。」

曼德拉環顧人群，看著他們專注的雙眸，高

昂的情緒，他發自內心的立下誓言：「我將把餘生交給你們。」

入獄時，他四十四歲，而出獄這年他已七十二歲。

自由與幸福並非一蹴可幾，即使現在終於邁出一大步，但往前並非一片坦途，真正的自由之路始終漫長。

他將以殘留的軀殼奉獻於未來，祈願所有人都能從貧困、權利被剝奪、苦難、災禍和其他歧視中解放出來。

他心中最美麗的未來是：這一片土地永遠不要再經歷一些人壓迫另一些人的事情，願自由光照千秋，上帝保佑非洲。

為了故事的張力和敘述的連貫，本文有幾處並不符合史實，整理如下：

1. 曼德拉在亞歷山德拉鎮的住處並非沃爾特所安排。

2. 非法非暴力的方式，早於 1949 年提出，而非 1952 年提出。曼德拉也是在當年與蘇馬博士發生組織路線之爭。所以莫羅卡博士已經當了三年的主席，而非上任。

3. 曼德拉在蔑視運動 (1952) 後曾遭審訊，在當時的審判中莫羅卡並沒有指曼德拉為共產黨。

4. 曼德拉二兒子出生並非在蔑視運動 (1952) 期間，而是在兩年前 (1950)。

5. 國王和他的和解並非在蔑視運動 (1952) 之後，而是早在 1941 年。

6. 布拉姆多次為曼德拉辯護，但叛國案的首席律師是弗農‧柏蘭格，而非布拉姆。

7. 曼德拉是在決定暴力手段後，被授權組織民族之矛，而非主動跳出來領導。

8. 1962 年曼德拉回國後，首度被拘捕，當時的罪名是煽動人民罷工罪三年，無護照私自出國兩年，不得假釋。在此後曼德拉第一次被關在羅本島。服刑期間，南非政府於 1963 年 10 月展開「瑞沃尼亞審判」。1964 年曼德拉被判終身監禁。為了控制進度和節奏，直接將兩案的內容簡化為「瑞沃尼亞審判」。

9. 曼德拉在瑞沃尼亞審判最後，朗讀了四個小時的宣言，原文過長，只能刪減，另外加上幾句曼德拉以前說過的話。

10. 羅本島十八年，桂格里和內政部長見面的那一段，完全是虛構的。但是對話內容，大致真實呈現曼德拉在監獄中的經歷。不過對話中所提及的暗殺行動應是 1969 年由國家安全局所策劃，因此時間和單位完全是錯的。

11. 在普爾斯莫爾，曼德拉第一次和妻子相擁。但是他和孫女早在羅本島就見過面。兩次見面被濃縮成一次。

12. 曼德拉和代表團會面的時候，還沒有入住模範監獄，享有專人廚師。

後 記

　　本書的故事結束於 1990 年，當時已七十二歲的曼德拉出獄。這件事情在當年是世界大事，連遠在香港的 Beyond 樂團也寫了一首歌──〈光輝歲月〉，向曼德拉致敬。

　　歌詞內容相當動人，也傳神的表達了曼德拉的偉大之處。其中有幾句寫：「今天只有殘留的軀殼，迎接光輝歲月。風雨中抱緊自由，一生經過徬徨的掙扎，自信可以改變未來，問誰又能做到。」

　　七十二歲，對很多人來說已經是晚年餘生，但是曼德拉卻能再創光輝歲月、改變未來。細心的讀者從後面的小檔案中應不難發現，曼德拉在七十二歲之後，仍在世界舞臺持續活躍了二十年之久，這段期間他以七十六歲的高齡當選總統，帶領南非進入新的階段，成功的避免族群仇殺和

社會動盪，並安撫白人保守勢力，使白人逐漸接受種族平等的新制度。

　　他不戀棧權位，退休之後，雖然成了無權無勢的人，卻以其智慧和人格感召力，持續投入慈善、教育事業與愛滋病的防治，因而獲獎無數，持續為世人所尊崇。2010 年起，他的生日被聯合國訂為曼德拉國際日，聯合國祕書長潘基文在紐約聯合國總部發表演說：「納爾遜・曼德拉為世人所敬仰，他體現了最高的人文價值和聯合國價值。曼德拉的一生，他的力量，以及他的寬容，是世人學習的榜樣。」

　　放眼望去，除了曼德拉之外，全世界還有哪個高齡九十二歲的政治人物能獲得這樣的尊榮！

　　促成南非改變的並非只有曼德拉一人。而曼德拉也並非聖人！最初廢除種族隔離制度時，曼

德拉一度被支持者頌揚為「繼耶穌基督之後最重要的人」。但當選總統並執政三年後，不少南非人開始因為經濟衰敗、犯罪激增、教育不完善等社會現象而失去耐心。五年總統任期屆滿時，路透社這樣評論：五年裡，曼德拉「經常由於明顯的過錯而受到責備」。

經濟改革不是曼德拉的強項，儘管有很多人對他的領導不滿，但沒有人能否認他對推動自由與和平的貢獻。2004 年，南非人仍然票選他是最偉大的南非人。

他不完美，但他仍然非凡，仍然如潘基文所說，他體現了許多重要價值。他沒有辦法把每件事情做到完美，但他能達成許多別人無法堅持下去的信念，他實現別人認為遙不可及的理想；他為群體服務，他為價值獻身。他經歷許多旁人無

法想像的苦難，從而在苦難中成就智慧。這就是
他值得推崇的卓越之處。

他可以成為生活安穩的律師，卻甘心為了同
胞的群體自由，放棄個人的舒服安逸，奉獻投身
在危險的抗爭事業之中。在本書中，可以看到許
多類似的例子。包括他在獄中明明可以獲得穿長
褲的特權，卻因為其他人不能得到同等待遇而放
棄這項權利。他屢次可以重獲自由，卻都因不願
改變理念選擇繼續被囚禁。他把群體的「大我」，
置於「小我」之上。

很多重要的價值，對他而言，並非只是抽象
理念。就學的時候，他為
了堅持心中的道德規準
而被退學；步入社會之
後，他願意以性命為代價去

爭取「自由」。他甘願為了價值而獻身，所以才能體現人類最高價值。

他的不平凡在於，面對苦難時的態度不同於一般人。

面對種族隔離的苦難，他選擇對抗而非屈服。面對無期徒刑的困境，他選擇樂觀開朗，而非意志消沉。這就是為什麼他入獄的時間這麼長，卻沒有被人遺忘，反而成為全世界爭取自由的最高典範。

在曼德拉就職總統那天，他竟然起身向獄中三位獄警致敬。他說：「我在年輕的時候脾氣暴躁，是在獄中學會控制情緒才活下來。牢獄歲月給了我時間和激勵，使我學會了如何面對苦難。」他說：「感恩與寬容經常是源自痛苦和磨難。」

曼德拉不是在向獄警致敬，而是向苦難致

敬。這位令人尊敬的長者，越經苦難，越磨出智慧。他的愛子馬克買托因愛滋病而逝，在南非的社會這是難以啟齒之事，但曼德拉依然忍住悲痛對世人宣告這件事情。他說：「讓我們公開討論愛滋病，不要隱瞞，因為把愛滋病當成普通疾病的唯一方法，就是站出來向大家宣布有人死於愛滋病。這樣人們才不會把它當成怪病。」

　　苦難成了他生命的禮物。而他的智慧與他的人生，也成了上天給世人的禮物。慶幸這世上有曼德拉，祈願這世上還有新的曼德拉。

曼德拉 小檔案

1918 年	7 月 18 日納爾遜・曼德拉誕生。
1944 年	加入「非洲民族議會」，並創辦青年團。
1952 年	發起「蔑視運動」。曼德拉當選該運動志願人員全國總指揮。
1961 年	出任「民族之矛」總司令。
1962 年	以非法離境和煽動罷工的罪名被逮捕。被判入獄五年。
1963 年	在「瑞沃尼亞審判」中遭到起訴。
1964 年	被判終身監禁，被押至羅本島服刑。
1979 年	獲得印度人權獎。
1980 年	非洲民族議會發動「釋放曼德拉」運動。
1982 年	被轉送至普爾斯莫爾監獄。（其後被轉移到維克托・弗爾斯克監獄。）
1990 年	南非政府在國內外輿論壓力下釋放曼德拉。
1993 年	獲頒諾貝爾和平獎（與南非總統戴克拉克同獲此獎）。

1994 年	以南非第一任民主選舉的總統身分就職。
1995 年	建立曼德拉兒童基金會。11 月 29 日,在曼德拉推動下,南非成立了真相與和解委員會。
1999 年	6 月卸任總統一職。
2004 年	南非廣播公司舉辦了最偉大的南非人 (SABC3's Great South Africans) 票選活動,曼德拉當選。
2005 年	宣布二兒子馬克賈托・曼德拉死於愛滋病。
2007 年	巴西球王比利、荷蘭名腳古利特等世界足壇的明星們,齊聚在南非開普敦的紐蘭德體育場,以友誼賽的方式慶祝曼德拉八十九歲生日。同年,曼德拉所發起的國際長者會在南非約翰尼斯堡宣告成立。
2009 年	第六十四屆聯合國大會通過決議,自 2010 年起,將每年 7 月 18 日,即曼德拉的生日訂為「曼德拉國際日」。
2013 年	九十五歲的曼德拉因肺部疾病而被送往普勒托利亞的一家醫院接受治療。於 12 月 5 日病逝。

參考資料

書籍

- 《漫漫自由路：曼德拉自傳》／Nelson Mandela 著；何戢及弈丞小組譯
- 《曼德拉的禮物：十五堂關於生命、愛與勇氣的課》／Richard Stengel 著；郭乃嘉譯
- 《打不倒的勇者》／John Carlin 著；黃逸華譯

網頁

- 國際曼德拉日官方網站
  http://www.mandeladay.com
- 納爾遜・曼德拉基金會
  http://www.nelsonmandela.org/（英文）

國家圖書館出版品預行編目資料

曼德拉／詹文維著;莊河源繪.－－初版二刷.－－臺
北市: 三民,2022
　　面; 　公分.－－(兒童文學叢書/近代領航人物)

　ISBN 978-957-14-5880-9 (平裝)
　1. 曼德拉(Mandela, Nelson, 1918-2013) 2.傳記 3.通
俗作品

781.08　　　　　　　　　　　　　102026543

近代領航人物

曼德拉

著 作 人	詹文維
繪 　 者	莊河源
主 　 編	張燕風

發 行 人	劉振強
出 版 者	三民書局股份有限公司
地 　 址	臺北市復興北路 386 號 (復北門市)
	臺北市重慶南路一段 61 號 (重南門市)
電 　 話	(02)25006600
網 　 址	三民網路書店 https://www.sanmin.com.tw

出版日期	初版一刷 2014 年 1 月
	初版二刷 2022 年 5 月
書籍編號	S782320
I S B N	978-957-14-5880-9

三民書局